Estratégias de Intervenção em Consultoria de Organização

Wagner Siqueira

Coordenação Editorial
Júlia Tito

Revisão
Érika dos Anjos

Projeto gráfico, capa e diagramação
Guilherme Borges

Dados Internacionais de Catalogação na Publicação (CIP)
(Câmara Brasileira do Livro, SP, Brasil)

```
Siqueira, Wagner
    Estratégias de intervenção em consultoria de
organização / Wagner Siqueira. -- 1. ed. -- Rio de
Janeiro : Ed. do Autor, 2021.

    ISBN 978-65-00-18384-9

    1. Administração 2. Consultoria organizacional 3.
Estratégia I. Título.

21-58364                                    CDD-658.46
```

Índices para catálogo sistemático:

1. Consultoria organizacional : Administração de
        empresas 658.46

Aline Graziele Benitez - Bibliotecária - CRB-1/3129

SUMÁRIO

PREFÁCIO

Nos anos 1980 e 1990, como dirigente da OPC, promovi a realização de inúmeros contratos com clientes institucionais para a aplicação, em ambientes "in company", de seminários acerca das "habilidades de intervenção em consultoria de organização", sob a responsabilidade de nosso então consultor Wagner Siqueira. Pude, assim, testemunhar em situação privilegiada, as avaliações altamente positivas dos participantes daqueles eventos educacionais, do gerente como consultor de seus subordinados e de equipes, e as repercussões de satisfação positiva dos responsáveis contratantes pelas organizações-clientes.

Lembro-me ainda de insistir para que Wagner traduzisse em livro a rica experiência vivenciada e que o publicasse por meio da nossa editora COP. Aliás, insistia bastante também que o fizesse igualmente em relação a outro seminário que conduzia conosco na OPC, com grande sucesso: "Administração do tempo do executivo". Wagner ainda fica nos devendo esta obra. Porém, espero que o traga logo à publicação. Pena que ambos não possam ser mais publicados pela COP/OPC. Mas, pelo menos, finalmente, nos traz agora esta valiosa contribuição acerca das habilidades de intervenção em consultoria de organização, tema ainda hoje praticamente pouco tratado na literatura especializada e nas pesquisas acadêmicas.

Tenho certeza de que este novo texto de nosso sempre consultor Wagner Siqueira será de grande utilidade para todos aqueles que se dedicam hoje à atuação como consultores, mentores, *coaches* e gerentes operacionais e estratégicos das organizações nos tempos presentes. Deverá ser, inclusive, também o fio condutor de aprofundamentos teóricos e práticos - hoje infelizmente inexistentes - nas pesquisas de mestres e doutores, que massivamente abandonam as relevantes contribuições das ciências do comportamento humano nas organizações para se restringirem apenas à econometria comportamental.

O aprofundamento dessa área de conhecimento nunca foi tão necessário na compreensão e no equacionamento das crises que vivemos nesses tumultuados tempos de automação acelerada e globalização, que se expressam também em *Burnout*, fadiga psicológica, estresse e doenças ocupacionais, suicídios e relações cada vez menos cooperativas e mais antagônicas entre as distintas participações dos protagonistas da cena das relações de trabalho e da vida organizacional.

Tenho a mais plena convicção de que o texto, ao qual tenho o privilégio de prefaciar, será de grande valia para você, caro leitor. É o preenchimento de uma lacuna há muito sentida.

Luiz Affonso Romano é consultor organizacional há 5 décadas, mentor para desenvolvimento em consultoria, instrutor dos cursos de Desenvolvimento de Consultores presencial e online, coordenador da pesquisa anual "Perfil das Empresas de Consultoria no Brasil," CEO do Laboratório da Consultoria (www.laboratoriodaconsultoria.com.br) e idealizador, ex-presidente (2014 a abril 2020) e atualmente membro do Conselho Consultivo da Associação Brasileira de Consultores (ABCO).

DESVIOS DA APRENDIZAGEM ORGANIZACIONAL

Por que colaboradores relutam em informar à alta direção que um dos produtos ou serviços é um "perdedor"? Por que diretores não conseguem expor ao presidente a total falta de sucesso de uma das áreas da organização?

A inabilidade para desvendar erros e outras verdades desagradáveis advém da cultura organizacional defeituosa e pervertida que se cristaliza por aprendizagens de repercussões deformadas.

Tais hábitos e atitudes, que permitem a uma organização esconder e desconhecer seus problemas, geram cada vez mais rigidez e impermeabilidade, quando não a falência. No caso de países, o sofrimento inaudito de suas populações.

Há alguns anos vivenciei, como consultor de organização, uma experiência paradigmática em relação a esta questão. A alta direção de uma corporação complexa no Rio de Janeiro decidiu que um determinado produto era um fracasso de vendas e decidiu retirá-lo de linha. Os prejuízos àquela altura eram alarmantes. Logo descobri que, pelo menos, meia dúzia de pessoas já sabiam há muito tempo do problema. Duas ou três delas eram da linha de produção, no exercício de gerências específicas da fábrica. As outras eram gerentes de áreas de vendas e de marketing. Portanto, todas eram pessoas que conviviam com o fracasso do produto no cotidiano. Logo, justificaram para mim que os problemas de fabricação não poderiam ser resolvidos sem volumosos investimentos, o que, na prática, redundaria na perda de competitividade no mercado. Ademais, também alegaram que o produto era a marca da companhia e a "menina dos olhos" da presidência.

Muitas foram as razões pelas quais a informação desagradável não chegou à presidência mais cedo, o que pouparia prejuízos acumulados em sucessão. Claro, os supervisores e técnicos abaixo nas linhas hierárquicas pressupunham que, com dedicação e empenho, poderiam transformar erros em sucesso. Não compreendiam que não adiantava dar "mais sangue e vida" a um produto que vivia artificialmente. Afinal, ressuscitar é mais difícil do que nascer. Quanto mais se esforçavam mais aumentavam o problema e percebiam a dimensão do erro original de tentar continuar com o produto. Compreenderam, então, que nada mais havia a fazer a não ser comunicar às áreas gerenciais. Eles também sabiam do entusiasmo da alta direção pelo produto. Despenderam muito tempo em reuniões com as gerências e, por autoproteção, formalizaram em comunicados, por meio de e-mails, *WhatsApp* e memorandos, as suas preocupações e certezas da necessidade de finitude do produto. Para a minha surpresa, pois pude constatar *in loco* a leitura desses documentos, embora comunicassem formalmente a realidade, não causaram qualquer impacto mais significativo.

Os gerentes intermediários leram os questionamentos e acharam muito dramáticos e exagerados. Como tinham feito os estudos de produção, marketing e vendas julgaram que os supervisores e técnicos, em verdade, estavam duvidando da validade das análises que faziam para a alta direção. Alegaram que precisavam de mais tempo e tranquilidade para "verificar realmente a pertinência das previsões catastróficas que recebiam e, se de fato fossem verdadeiras, elaborar ações corretivas. Caso informações tão negativas tivessem de ser encaminhadas à presidência, que fossem consubstanciadas em estudos com alternativas positivas de superação do problema, no que assim pretendiam se dedicar".

Quando finalmente se convenceram de que as previsões eram pertinentes, começaram a soltar as notícias a conta-gotas, em doses homeopáticas, dourando aqui e ali a pílula para não ser tão amarga e de supetão. Evidente que se acautelaram e criaram redes de proteção para o caso da presidência ficar muito aborrecida. Reinterpretaram, cortaram e amenizaram os conteúdos dos comunicados dos supervisores e técnicos de linha, resumindo os diagnósticos tão pouco alvissareiros. Justificaram-me que assim procederam porque a presidência sempre reclamava de receber comunicados muito longos. O resultado não poderia ter sido pior: a presidência recebia informações fragmentadas, atenuadas, que subestimavam a gravidade da situação e julgava, equivocadamente, que as gerências e supervisores tinham controle do que ocorria com o produto, e que o problema logo seria superado, como de costume.

O presidente, mal-informado, manteve a sua posição de entusiasmo com o produto. As gerências ficaram confusas e constrangidas porque não entendiam o inusitado apoio do topo ao produto, muito menos as razões de solicitação de novos estudos para avaliar as dificuldades de produção, marketing e vendas para fazer o que elas já tinham identificado. Recolheram-se e passaram a tarefa de lidar com o problema para as áreas operacionais de supervisão. Diziam que a companhia estava a par do problema, estudando a situação e mantendo o seu apoio ao produto. Os supervisores ficaram desorientados, "deram de ombros porque os homens lá de cima devem saber o que estão fazendo" e diminuíram sua preocupação. A companhia entrou em processo de anomia institucional. Foi aí que fui convidado pelo presidente para essa experiência de consultoria tão enriquecedora.

Gostaria de explicar, em linguagem absolutamente telegráfica, que desde logo me vali, na atuação como consultor, dos conceitos de aprendizagens de repercussão nas organizações e dos modelos I e II, de Chris Argyris, para proceder às intervenções que, à época, julguei adequadas. De pronto, é preciso apresentar definições e conceitos para me tornar mais claro. A aprendizagem organizacional é um processo de detectar e corrigir erros e equívocos no ambiente de trabalho. Erro e equívoco passam a ser aqui qualquer traço de conhecimento ou de informação da pessoa que restringe a aprendizagem. Quando o processo capacita a organização a executar suas políticas atuais ou a atingir seus objetivos, deve ser chamado de aprendizagem **sem** repercussão. A aprendizagem sem repercussão pode ser comparada a um termostato que aprende quando está quente ou frio e, em seguida, liga ou desliga o calor. O termostato é capaz de realizar esta tarefa porque recebe a informação da temperatura ambiente.

Se o termostato pudesse se questionar se deveria ficar sempre numa determinada temperatura, seria capaz não só de detectar o erro, mas de questionar os sistemas e metas de operação, bem como o seu próprio programa. Isto equivale a uma segunda indagação, de maior compreensão, que poderia ser chamada de aprendizagem **de** repercussão. Quando os gerentes e supervisores da fábrica estavam tentando corrigir os erros do produto para manter a sua fabricação, era uma aprendizagem sem repercussão. Quando começaram a enfrentar a realidade, se o produto deveria continuar ou não a ser fabricado, passou a ser uma aprendizagem com repercussão, porque passaram a questionar as políticas/diretrizes, metas/objetivos, normas/padrões e moral/coesão da organização.

Nesta empresa, como em algumas outras em que me defrontei como consultor ou executivo de topo, pude constatar bem as orientações descritas por Argyris, como a de que se desenvolvem hábitos, práticas e costumes que advertem as pessoas: "não desafiem as políticas/diretrizes e metas/objetivos, especialmente aquelas com as quais a diretoria está muito comprometida ou empolgada". Comunicar para cima a verdade sobre o produto fracassado seria, além de confrontação de um direcionamento organizacional, violar uma norma/padrão da organização. Mas, para que esta norma seja cumprida, ela tem de ser protegida por outra norma que diz: "você não pode questionar abertamente as normas/padrões que dizem que você não pode questionar políticas/diretrizes e metas/objetivos". Em outras palavras, a fim de manter a primeira norma ter-se-ia que camuflar ou dissimular muitas informações sobre ocultação do erro. Assim, temos normas embutidas dentro de normas que inibem a aprendizagem organizacional de repercussão (ARGYRIS, 1978).

Para complicar a situação, e enriquecer a minha experiência, quando os colaboradores aderem à norma que diz "oculte os erros", sabem que estão violando outra norma que diz "revele os erros". Seja qual for a norma de conduta que escolham, sempre tendem a cair em alguma esparrela e confusão. Se escondem o erro, podem ser punidos, caso o erro seja descoberto. Se revelam o erro, correm o risco de se exporem por se emaranharem em uma rede de tramas de camuflagens e até de fraudes. Os colaboradores têm, portanto, um duplo vínculo, porque, seja o que for, façam. Isto é necessário, ainda que contraproducente, para a organização e suas ações podem até ser pessoalmente contrárias.

Conflitos tão antagônicos criam tensão e estresse. Uma forma usual de defesa é começar a conceber a ocultação do erro, a fraude e os jogos humanos como parte da vida organizacional. Quando o clima atinge este ponto, as pessoas perdem a habilidade de percepção e de significado do erro. Muitos ficam surpresos e até magoados quando acusados de se comportarem desleal e imoralmente por práticas de ocultação de erro.

A camuflagem de erros técnicos é feita por indivíduos que adotam jogos humanos e normas organizacionais aceitáveis. A ocultação de todo erro instrumental importante, portanto, implica na existência de jogos humanos e estes, por seu turno, implicam na existência de jogos para esconder os jogos.

Dessa forma, é bastante complexo e difícil para uma organização ser apta a usar a aprendizagem de repercussão em seu cotidiano operacional e de gestão de políticas e diretrizes se ela não a adotar nos seus jogos humanos, em suas normas/padrões, moral/coesão e busca de metas/objetivos. Dependendo como são concebidos e praticados, tudo isso concorre para que as pessoas evitem contar o que sabem.

Os colaboradores que estavam a par dos problemas do produto não falaram diretamente porque violaria as regras dos hábitos, costumes e dos jogos organizacionais que todos respeitavam e jogavam no cotidiano.

Você talvez me pergunte: como, então, as organizações sobrevivem e se mantêm eficazes?

As organizações costumam ser muito boas em processos de aprendizagem sem repercussão. Uma vez que a grande maioria, a quase totalidade em certos segmentos privados e de setores público brasileiros, é incapaz de crescer e se desenvolver através de aprendizagens ativas de repercussão, os custos são acrescidos aos preços pagos pelos clientes e aos tributos pagos pelos contribuintes. Sempre quem paga a conta final de tamanha irracionalidade gerencial é o cidadão, seja como contribuinte, seja como consumidor. Quando há limites impostos, por quaisquer razões, à irracionalidade dos preços e dos tributos, advém a instabilidade política e econômica, a crise das instituições inermes ao enfrentamento adequado, o aprofundamento das desigualdades e das vulnerabilidades sociais.

INTRODUÇÃO

Educação e Consultoria são certamente os dois mais importantes fatores de influência na transformação da sociedade. A primeira na formação do cidadão e a segunda no desenvolvimento de pessoas nas organizações do mundo do trabalho.

Em certos aspectos, pode-se afirmar, sem risco de errar, que a consultoria seja até mais importante do que a educação no sentido de dotar a sociedade de um processo crescente de desenvolvimento de relações de confiança entre as partes sociais interrelacionadas das mais distintas maneiras. A razão decorre de que a consultoria, por si só, centralmente cuida dos problemas reais do cotidiano, do "aqui e agora", que, uma vez equacionados, podem fazer a real diferença como as pessoas vivem e trabalham.

Assim, a consultoria é uma dimensão que se agiganta na educação, com especial ênfase na dinâmica de interação entre o Consultor e o Cliente.

As técnicas e ferramentas utilizadas pelos consultores e os conceitos e pressupostos que embasam as abordagens de intervenção em consultoria de organização precisam ser bem compreendidos sob a perspectiva adequada de suas riquezas e contribuições, fragilidades e limitações. Bem como, obviamente, a correta compreensão de sob quais condições cada um dos modelos de intervenção pode ser bem-sucedido; e, quando, onde, em que casos e em quais circunstâncias pode ser inadequado e disfuncional.

Neste sentido, Educação e Consultoria são interpenetráveis e interdependentes sinergicamente, uma gerando e fecundando repercussões na outra, na aplicação holística de estratégias de intervenção. Em conjunto, ambas oferecem direcionamentos de ações de desenvolvimento e de mudança que proporcionam formas seguras e consequentes de romper barreiras à excelência do desempenho pessoal, em equipe, interequipes, organizacional e de ambientes sociais mais amplos.

A consultoria de organização, no tema essencial tratado por este texto, relativa às estratégias de intervenção, certamente é de interesse de um público bastante variado. Por exemplo, aos que se dedicam à própria **Consultoria Organizacional,** mas também às derivações de especialização a que a dinâmica moderna se impõe hoje como o *Counseling,* o *Coaching* e o *Mentoring*; aos estudantes em ciências sociais aplicadas de graduação e pós-graduação que desejam enveredar por possibilidades profissionais como Consultor, *Counselor, Mentor e Coach,* que certamente encontrarão na literatura e no estudo deste texto orientações conceptuais e técnicas disponíveis jamais tratadas de forma condensada e operacional; executivos de topo, dirigentes, gerentes e supervisores corporativos, de organizações empresariais ou não-lucrativas, também encontrarão neste livro reais possibilidades de enriquecimento pessoal no desenvolvimento de seus papéis e funções como educador e realizador de tarefas que, sem dúvida, poderão melhor identificar possibilidades de contratação de apoio consultorial em uma gama de alternativas que melhor se ajustem às suas necessidades; igualmente, consultores internos e externos, *coaches, counselors* ou *mentors,* comumente utilizados pelas organizações para o cumprimento de distintos propósitos, também encontrarão o instrumental necessário para melhor avaliar suas abordagens e descobrir possibilidades visíveis, mas não percebidas ainda de contribuição ao seu mister para os quais antes não se dava a devida atenção.

Este trabalho intelectual é fruto da condensação de 50 anos de experiência no exercício de funções públicas e na política, no magistério regular e em seminários, palestras e conferências em corporações empresariais, instituições públicas, acadêmicas e de benemerência, na vivência direta como executivo de empresas e dirigente público, na atuação específica como consultor externo e interno, *counselor e mentor* formalmente designado e, finalmente, na aplicação de mais de 30 seminários, de 32 horas, por mim e por Gilda Nunes, especialmente de "Desenvolvimento de Habilidades da Intervenção em Consultoria de Organização" em instituições públicas e privadas.

Assim, creio que com este trabalho possa propiciar um extrato integrado de experiências e de reflexões, de estudos profundos da literatura mundial disponível sobre o tema. Espero que possa, desta forma, ser bastante útil aos leitores, independentemente de suas especificidades no desempenho de função de consultoria de organização.

Certamente, a maturidade adquirida ao longo da conexão experiência-ação na realização de atividades destinadas ao desenvolvimento/realização de pessoas e o permanente estudo focado no tema possa contribuir a todos para uma melhor apreciação sobre estratégias de intervenção em Consultoria, num relato pessoal de descrição do que foi efetivamente vivenciado.

Os meus agradecimentos especiais vão para diferentes autores, devidamente referenciados na bibliografia indicada ao final da obra, cujas contribuições validaram minha busca permanente, concentrada, realizada por tanto tempo e que, agora, modestamente ofereço ao público leitor. O texto é meu, produto de um guisado feito com as contribuições relevantes dos diferentes *inputs* desses autores que, obviamente, não têm qualquer responsabilidade pelos desvios e interpretações de aplicação teórica e prática que eu possa ter cometido.

Não pretendo extinguir, mas apenas levar à reflexão do leitor interessado no estudo da atividade de consultoria organizacional o foco prioritário nas estratégias de intervenção que devem ser aplicadas por ele, caso a caso, na sua atuação profissional.

Focalizar o desenvolvimento do Consultor em sua habilidade individual de relacionamento com o Cliente. Porém, sem extrapolar esse nível de preocupação. Excluo, portanto, o estudo das grandes estratégias e concepções da consultoria em nível complexo de mudança organizacional planejada.

A Consultoria pode ser um recurso útil para auxiliar os indivíduos a tratarem muitas das dificuldades complexas com as quais eles se deparam nos dias de hoje. A assistência oferecida pelos consultores se faz através da intervenção – isto é, emprego de alguma ação para ajudar o Cliente a resolver o seu problema. Estas intervenções não implicam, simplesmente, dizer ao Cliente o que fazer, nem aplicar remédios de "bom senso" à situação, mas muito mais.

A gama de situações encontradas pelos consultores de hoje é tão variada quanto os dilemas comportamentais que as pessoas enfrentam no cotidiano da vida moderna.

Além das áreas de consultoria administrativa clássica, a Consultoria Organizacional se expande para incluir a terapia individual e de grupo em situações de trabalho. Não se limita mais somente aos aspectos que se restringem à competência administrativa: as organizações agora reconhecem que o alcoolismo, o vício em drogas, o vício em jogos, ser *workaholic*, fadiga, *Burnout*, suicídios e outros dramas existenciais são problemas que se referem ao mundo do trabalho e, portanto, da organização, da mesma forma como à pessoa nas demais dimensões da vida. Por isso, devem ser também objeto da atuação do Consultor de Organização, já que hoje esses temas integram o seu cotidiano de atuação. Estas são circunstâncias inescapáveis do desempenho dos papéis e funções do consultor de organização.

Ajudar um indivíduo a superar tensões reprimidas, aconselhar alguém que perdeu a paciência com os subordinados, lidar com frustrações da equipe, melhorar a eficácia organizacional, ou seja, o desenvolvimento organizacional e o gerencial, o indivíduo como pessoa e a pessoa como profissional são campos de intervenção da Consultoria Organizacional. Devem ser objeto de intervenção, na mesma medida em que são, por exemplo, a orientação vocacional, o planejamento de carreira e a preparação para aposentadoria.

A função do Consultor é ajudar uma pessoa, um grupo, uma organização ou um sistema social mais amplo a identificar e a interromper ciclos prejudiciais de comportamento: intervenções para romper uma disfuncionalidade de desempenho.

O Cliente pode ser qualquer unidade social em funcionamento: indivíduo, grupo, intergrupos, organização ou sistemas sociais mais amplos, como inter-relações da família, principalmente no caso de empresas familiares, o indivíduo, o gerente e sua equipe, associações, entidades governamentais, equipe hospitalar e até bando de delinquentes.

O campo das atitudes é um dos aspectos mais negligenciados da vida organizacional. Dirigentes de empresas, instituições de ensino e programas educacionais em gestão geralmente só levam em consideração as repercussões das atitudes no ambiente de trabalho quando se tornam tão negativas que redundam em comportamentos confusos, desintegradores, inaceitáveis ou ao arrepio da legislação vigente.

Outras atitudes tendem a ser compreendidas como assunto pessoal e individual de cada um, parte do "jeitão do fulano" ou "maneira de ser do sicrano". A não ser que as atitudes estejam contribuindo claramente para a fomentação de crises do momento, é pouco provável que sejam vistas como dimensões comportamentais significativas que justifiquem apreciações, avaliações e correções de rumo.

Em muitas dimensões – especialmente em aspectos da vida privada – é adequado deixar de intervir. Por exemplo, o Consultor não tem legitimidade, nem na condição do exercício gerencial numa empresa, de intervir em atitudes relativas à política, religião ou mesmo em relação às questões de foro íntimo e pessoal do Cliente ou de seus colaboradores. Tampouco é relevante considerar essas atitudes como dimensões da eficiência em serviços ou como critérios de avaliação de desempenho.

O Gerente-cliente de uma relação de consultoria pode ter uma ou outra posição político-partidária, mas não lhe assiste o direito legítimo de exigir esta ou aquela atitude de seus colaboradores.

No entanto, em muitas outras dimensões a posição de não-interferência do Consultor pode ser inadequada em razão do impacto que possa exercer sobre o desempenho, a formação, o desenvolvimento e a mudança de atitudes. A hesitação do Consultor, a sua falta de interesse em ajudar os clientes a classificarem suas atitudes à luz de determinados critérios, de forma a se conscientizarem da influência de suas atitudes sobre seus pensamentos e comportamentos, prejudica enormemente a construção de condições objetivas de ampliação de uma gama de atitudes alternativas e, portanto, disponíveis para as quais o Cliente pode não ter dado conta de sua utilidade.

Para que o Cliente possa utilizar seus próprios recursos é essencial que reconheça suas tendências atitudinais. Se suas atitudes são positivas, poderá estar altamente motivado a aplicar seus conhecimentos, habilidades e competências para fins construtivos. Ao contrário, atitudes negativas podem se constituir em barreiras conducentes ao mau desempenho.

O Consultor normalmente é um profissional que pode ajudar como conselheiro matrimonial, consultor de organização, organizador de comunidade, padre, pastor, assistente social, especialista em RH, psiquiatra, antropologista social, terapeuta individual ou em grupo, psicólogo social, cientista político, sociólogo ou um colega de trabalho designado para atuar como conselheiro, coach ou mentor.

1. A NATUREZA CÍCLICA DO COMPORTAMENTO

O comportamento, seja de uma pessoa isoladamente, dentro de um grupo ou dentro de um ambiente social mais amplo, tem uma tendência a ter caráter cíclico. Em outras palavras, uma sequência de comportamentos tem seus principais aspectos repetidos dentro de um determinado período ou em ambientes específicos. Por exemplo, um alcoólatra pode amanhecer tomando uma bebida. A primeira bebida não será todo dia na mesma hora e ele pode se desviar desse padrão, ocasionalmente, pulando um dia ou dois. Mas os desvios são variações sobre um mesmo tema. Assim também o é quanto a fumar: o fumante consome cerca de um ou dois maços de cigarro por dia, embora possa haver interrupções temporárias. Igualmente, o viciado em cocaína pode cheirar diariamente e, eventualmente, quando estiver sem dinheiro renunciar a uma dose. Os residentes das favelas, bem como os habitantes de comunidades em estado precário, sentem-se emaranhados na rotina diária do "ciclo da pobreza". Um executivo de uma empresa pública ou privada chega no trabalho todo dia na mesma hora, participa das mesmas reuniões, com mais ou menos as mesmas pessoas, semana após semana. Frequentemente, também, se depara com os mesmos tipos de problemas, que voltam a ocorrer de tempos em tempos. O chefe se zanga de forma e intensidade iguais sempre que emergem problemas de uma ou outra categoria particular. Uma equipe de executivos de uma corporação pode ser eternamente incapaz de esgotar a agenda da reunião, ainda que aumente o tempo de duração. No ambiente de uma corporação, mais um período fiscal se segue ao outro; o seu relatório anual, em geral, é bem semelhante à publicação do ano anterior. Alguns problemas antigos foram resolvidos, outros novos apareceram, mas a maior parte dos assuntos se repete de período a período.

O comportamento cíclico pode se tornar tão habitual a ponto de ficar fora da consciência ou do autocontrole da pessoa, grupo, organização ou da comunidade. Enquanto a repetição estiver dentro de certos limites situacionais pode ser vantajosa. Por exemplo, muitos desses ciclos auxiliam a liberar os recursos intelectuais e emocionais para a concentração em aspectos de comportamento menos programáveis. Fora desses limites, contudo, um ciclo de comportamentos não revisto pode ser prejudicial e até mesmo perigoso.

Vejamos um exemplo simples: um brasileiro em Londres, antes de atravessar a rua, pode estar se arriscando a ser atropelado. Na maioria dos casos, felizmente, ele recebe um *feedback* imediato – através de freadas bruscas ou buzinas insistentes – que o permite sair de um ciclo de comportamento relacionado ao Brasil e, desenvolver um outro, para atravessar as ruas e continuar ileso. Contudo, muitas das situações de vida não fornecem, de imediato, esse aviso de inadequação. Na verdade, uma pessoa, um grupo ou uma organização pode adotar ciclos de comportamento ignorando ou negligenciando, imprudentemente, as possíveis consequências danosas. A função do Consultor, em síntese, é ajudar uma pessoa, um grupo, uma organização ou um sistema social mais amplo a identificar e interromper esses tipos de ciclos prejudiciais de comportamento.

2. INTERVENÇÕES PARA ROMPER O CICLO

Toda vez que alguém faz alguma coisa a outrem para interromper um ciclo ocorre uma intervenção. Quem faz o quê, a quem, com qual objetivo, naturalmente, implica toda uma gama de interações. Um professor critica o texto de um estudante na expectativa de que o aluno pare de repetir os mesmos erros gramaticais e estilísticos. Um terapeuta interpreta uma "transferência" de paciente, tentando permitir que este identifique os antecedentes de certos sentimentos que interferem na sua relação com o terapeuta e, possivelmente, também com os seus companheiros circunstantes. Em outras intervenções, um líder de um grupo de encontro sugere que dois participantes, que se antagonizam, disputem um "par ou ímpar".

Um Consultor de Organização diz ao presidente da corporação que o padrão repetitivo de margens de lucro baixas deve ser quebrado através de uma redução de 15% da mão de obra. Um profissional de desenvolvimento de equipe sugere que um chefe e seu subordinado examinem os problemas que existem em seus padrões de tomada de decisão, os quais são causados, até certo ponto, pela falta de abertura e sinceridade nas discussões entre eles. Um consultor de desenvolvimento organizacional confronta os membros de uma grande empresa com a evidência de como a confiança deles nas práticas e precedentes passados tolhe a resolução de problemas e diz que podem visualizar direções para uma melhora, se saírem dos seus egos organizacionais para dar uma "olhadela isenta" nas áreas-problema. O assistente social mostra à mulher desamparada como preencher as lacunas de formulário de inscrição e a acompanha à agência governamental, quando ela solicita assistência. Todas são ilustrações de intervenções que objetivam romper ciclos prejudiciais de desempenho.

3. PONTOS CENTRAIS DA INTERVENÇÃO/ SITUAÇÕES-PROBLEMA

QUAL É O PROBLEMA?

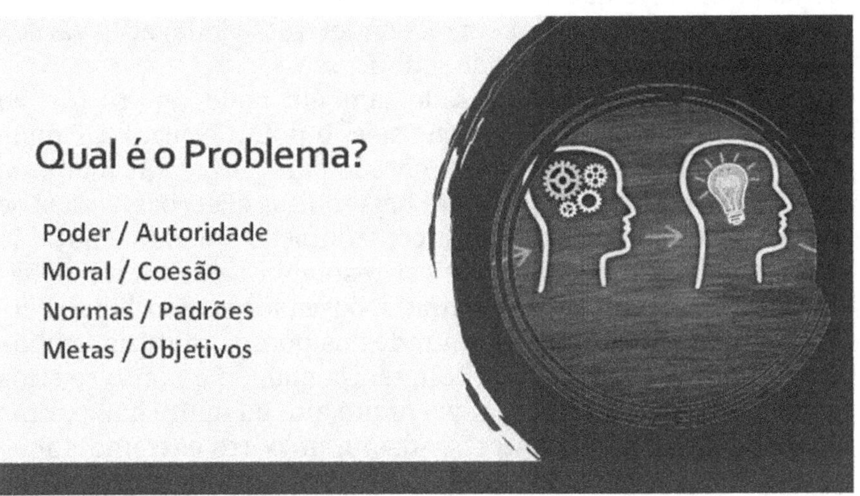

Ainda é preciso adicionar uma outra dimensão: o ponto principal a que se destina a intervenção. Dentre as quatro categorias de pontos centrais, a primeira se refere ao exercício do poder/autoridade, a segunda se relaciona à moral/coesão, a terceira é centrada em problemas que surgem dos padrões ou normas de conduta, e a quarta compreende qualquer tópico na realização de objetivos e metas.

- Poder/Autoridade
- Moral/Coesão
- Normas/Padrões
- Metas/Objetivos

São interdependentes. Quando se inicia uma mudança em

qualquer um deles, pode-se observar mudanças nos outros três, seja de imediato ou posteriormente. Por exemplo: a redução do excesso de autoridade por parte de um supervisor pode aumentar a moral/coesão da equipe.

A situação-problema pode ser um dos quatro pontos principais ou qualquer combinação deles. O Consultor focaliza atenção naquilo que considera ser o ponto nevrálgico, central, embora outros pontos possam estar ligados ao principal. Este é o problema prioritário que desencadeia repercussões nos demais? Da competência do Consultor em responder a essa indagação vai depender parcela substancial de seu sucesso.

O tipo de intervenção usado também pode ser em função do que seja, ou se considera que seja, o ponto central. Os pontos centrais referentes à moral/coesão parecem reagir melhor a intervenções catárticas, embora haja muitas exceções; temas de poder/autoridade podem exigir confrontação; quando a questão envolve normas/padrões pode ser resolvida pelas intervenções catalíticas. Intervenções sistêmicas, baseados em teorias e princípios, podem ser adequados a todos os pontos centrais, embora seja impraticável intervir com teoria quando o ponto se situa mais intensamente em um nível muito alto ou muito baixo. Uma pessoa indiferente, desinteressada ou, no outro extremo, fanática não estará aberta para as possibilidades sugeridas numa intervenção sistêmica. Uma pessoa muito deprimida é incapaz de se concentrar e estudar a teoria que possa ajudá-la a identificar a origem e a solução potencial de sua própria situação. Por isso, as intervenções sistêmicas parecem mais adequadas aos problemas de intensidade média.

Em geral, a eficácia do Consultor é a função (f) da sua habilidade em identificar corretamente o ponto central, introduzir o tipo de intervenção que, objetivamente, a situação exige e lidar com o verdadeiro cliente.

4. EM QUE O CONSULTOR DEVE SE CONCENTRAR?

- Definir bem o problema: poder/autoridade, moral/coesão, normas/padrões ou metas/objetivos?
- Qual é o papel do Consultor? Que estratégia de intervenção adotar?
- Quem é o Cliente?
- Qual a relação a ser restabelecida entre Consultor/Cliente?

5. ESTRATÉGIA DE INTERVENÇÃO = F (CLIENTE, PROBLEMA)

Muitas considerações determinam a eficácia de uma intervenção, mas certamente a exclusividade de uma única abordagem elimina a necessidade de outras modalidades que, em diferentes ocasiões, poderiam se mostrar bem mais pertinentes em função das necessidades sentidas do Cliente e da situação-problema. **A Estratégia de Intervenção é função, então, das peculiaridades do Cliente e do Problema a solucionar.**

O objetivo do Consultor, afora o modelo prescritivo, não é identificar e resolver o problema para o Cliente. Isso, certamente, só contribui para aumentar o grau de dependência do Cliente ao Consultor.

O Consultor deve criar condições objetivas para que o Cliente aprenda a autodiagnosticar suas dificuldades e a empreender autonomamente as soluções adequadas.

Nenhuma estratégia de intervenção é superior *in limine* a qualquer outra. A aplicação adequada de cada uma varia de acordo com as necessidades do Cliente face ao problema a superar.

6. O QUE É CONSULTORIA?

É uma relação voluntária entre um profissional que ajuda (Consultor) e o sistema necessitado de ajuda (Cliente) na qual o Consultor tenta auxiliar o Cliente a resolver problemas reais ou em potencial, em que ambas as partes veem a relação como temporária. O Consultor pode pertencer ou não ao sistema hierárquico no qual o Cliente está inserido.

A Consultoria é um processo aplicado à realidade em busca de soluções diferenciadas, caso a caso. A estratégia de intervenção é, assim, função do Cliente e do Problema.

É preciso esclarecer alguns pontos desta definição condensada. De acordo com a concepção, o Cliente pode ser qualquer unidade social em funcionamento, como família, organização, indivíduo, comitê, equipe, associações, departamento governamental, bando de delinquentes ou equipe hospitalar. O Consultor normalmente é um ajudante profissional, como um conselheiro matrimonial, um consultor de organização, um organizador de comunidade, um padre, um assistente social, um especialista de treinamento em relações humanas, um psiquiatra, um antropologista social, um terapeuta de grupo ou um psicólogo social. O papel pode, algumas vezes, ser assumido por um Consultor localizado dentro do sistema-cliente, como um membro do departamento de pessoal.

A Consultoria, assim como a supervisão gerencial, é um rótulo genérico de variadas formas de relacionamento de ajuda e de apoio.

Tendências recentes de se empregar consultores internos e usar consultores profissionais em projetos de comunidade dificultam o objetivo de apontar "quem" é o Consultor.

Felizmente, contudo, é mais importante identificar o que ele faz, a quem e com que objetivo, do que definir propriamente quem ele seja.

A MISSÃO DA CONSULTORIA

O Cliente aumentará a aceitação às iniciativas de mudanças se as compatibilizar com a cultura da organização. Cultura é uma combinação de crenças, comportamentos, hábitos, tradições, concepções e práticas que uma organização desenvolve ao longo do tempo como resultado da interação das pessoas que a integram e nela interagem.

Quanto à incapacidade de adaptarem-se ao meio ambiente, as organizações são frequentemente comparadas aos dinossauros. A analogia é adequada até certo ponto. Enquanto os dinossauros não puderam adequar-se a tempo de sobreviver às transformações climáticas provocadas pelas intempéries, as organizações podem mudar seus códigos genéticos, autorregenerar-se e sobreviver. Para tanto, preliminarmente precisam aprender a identificar e a utilizar sua variedade genética.

Quando todo mundo vê a missão da organização da mesma maneira, quando todos se satisfazem com o nível de desempenho excelente obtido, quando a louvação aos êxitos supera a profundidade da crítica e da avaliação permanente, a organização se deteriora, perde a consciência de si mesma e abre as suas portas para a inércia, para o conservadorismo, para a adoração do *status quo* e, finalmente, para a sua morte por falência ou concordata. E como ressuscitar é mais difícil do que nascer, o atestado de óbito dos falecimentos organizacionais, a seguir registrados no cartório competente, dará como *causa mortis* a falência múltipla dos órgãos vitais e septicemia generalizada, isto é, infecção estrutural, funcional, comportamental e cultural do *de cujus.*

Somente aqueles que contribuem para o sucesso conseguem tornar-se parte da cultura de uma organização. Se o Consultor não pode introduzir mudanças que sejam consistentes com a cultura prevalecente na organização, intervenha de forma planejada, com o objetivo de torná-la permeável à mudança pretendida. A organização-cliente precisa ser resiliente e flexível à mudança. Certifique-se de que a resiliência e a flexibilidade estão impregnando a declaração da missão, a visão e a estratégia do Cliente. O Consultor deve enfatizar o conceito de oportunidade e não de solução de problemas, um senso de propósito nítido e bem focado, uma combinação estrutural funcional que se ajuste sistematicamente às necessidades cambiantes e uma propensão à ação proativa.

Estimule a resiliência e a capacidade do Cliente de adaptar-se rápida e permanentemente por meio do trabalho em equipe participativo e democrático. A sinergia do trabalho coletivo é altamente favorável ao desenvolvimento individual e grupal, possibilitando a formação de uma atitude flexível, receptiva e adaptativa à mudança.

Esta é a missão da Consultoria de Organização.

7. QUEM DEVE SER O CONSULTOR?

Já há algum tempo, a descrição do processo de consultoria não presume que o Consultor tenha que ter qualificações especiais de formação profissional, acadêmicas ou de experiência consagrada. Os que hoje atuam em Consultoria não são necessariamente empregados de instituições de consultoria ou integrantes de quadros das universidades. Consultores externos e internos advêm das mais distintas áreas e experiências. Empregados dão consultoria interna, às vezes como consultores, mentores ou *coaches*.

Muitas vezes alcoólatras "secos" são mais bem equipados para ajudar outros alcoólatras; ex-viciados são mais eficazes para tratar ou dar assistência a viciados; moradores de comunidade em ascensão social são melhores para capacitar e orientar pessoas em vulnerabilidade social; criminosos recuperados melhores para dar assistência a criminosos; empreendedores de sucesso, oriundos de camadas populares, mais bem apetrechados para orientar e ajudar o desenvolvimento do empreendedorismo em áreas sociais menos favorecidas.

Quanto maior a distância, o *gap* ou a brecha entre o Consultor e o Cliente, mais difíceis e numerosos serão os obstáculos para fazer a ponte entre um e outro. Quanto menor esse afastamento – principalmente quando maneiras criativas são encontradas para capacitar pessoas de status igual a ajudarem a produzir a mudança – mais eficazes podem ser os resultados.

A conclusão óbvia e significativa é que a Intervenção da Consultoria tem pouco a ver com as credenciais acadêmicas, contratação de firma especializada de renome, experiência acumulada ou sucesso comprovado. A correspondência ou a correlação-chave é frequentemente baseada no fato de que os envolvidos – Consultor e Cliente – tenham capacidade de compartilhar vivências comuns em sinergia e que, portanto, sejam capazes de compreenderem-se reciprocamente. Compartilham mutuamente competências, experiências e conhecimentos aplicados à realidade. A eficácia do Consultor depende, assim, de sua habilidade em identificar corretamente o problema; da forma como procede a intervenção que objetivamente a situação exige; e de trabalhar com o cliente certo.

Todo gerente é um Consultor também, assim como é um educador. Atua, o mais das vezes, igualmente como *coach*, consultor e mentor, dependendo das circunstâncias, do colaborador e da natureza do problema a ser equacionado. Dessa forma, necessariamente, terá que aplicar as distintas estratégias de intervenção disponíveis: catártica, catalítica, por confrontação, prescritiva e sistêmica.

O Consultor precisa ser capaz de identificar os pressupostos que orientam a sua interação com o cliente. O importante não é que o Consultor seja bom intelectualmente, mas que seja bom em atitudes e comportamentos. Não pode correr o risco de ser pego na armadilha: "faça o que eu digo, mas não faça o que eu faço".

O Consultor se torna um modelo educacional ao interagir com o Cliente. Consciente ou inconscientemente, transfere valores, crenças, opções éticas, normas de conduta, aspirações e desejos aos clientes.

O Consultor é uma referência de comportamento para o cliente, e deve ser exemplo diariamente.

Será sempre possível convocar a colaboração de consultores e especialistas específicos para delinear quadros de referência e introduzir *inputs* teóricos e práticos sobre a interpretação e aplicação à realidade do cliente de questões de natureza econômica, ambiental, demográfica, política, cultural, social etc., que contribuam para que tenha aprimorada a sua condição de gestor das circunstâncias em que atua.

O Consultor de Organização, através de um rigoroso processo de autoanálise e autoavaliação, precisa estar bem consciente das próprias habilidades e competências, valores, preferências, tendências naturais e distorções de estilos, de atitudes e de comportamentos que possam influenciar no exercício de sua atuação profissional.

O Consultor não deve responder à crítica do cliente com a contracrítica. Deve se esforçar para controlar emoções inibidoras à construção de um clima de franqueza e de autenticidade na relação de Consultoria. Uma comunicação contaminada por "pé-atrás", "ganha-perde", conflitos não administrados, ênfase em divergências e não em convergências sempre impede o desenvolvimento de atitudes e de comportamentos do cliente em direção à resolução autônoma e serena de problemas.

Uma condição essencial para a obtenção da eficácia pessoal é que o Consultor seja objetivo na sua própria autoavaliação, seja objetivo em avaliar apropriadamente suas habilidades e competências, em identificar obstáculos ou barreiras que o impedem de um desempenho excelente. A objetividade pessoal, ou seja, a autoimagem é difícil. As pessoas naturalmente tendem a se dar o benefício da dúvida, em especial quando se encontram em "situação de superioridade", como na relação Consultor x Cliente. Enquanto é fácil diagnosticar as fraquezas dos outros, é bem mais difícil reconhecer as próprias limitações. É fundamental para o Consultor assumir uma atitude de humildade e de reconhecimento de suas próprias limitações antes mesmo que possa visualizar possibilidades e necessidades de mudança no Cliente.

Os consultores permanentemente se defrontam com a existência de variados problemas que precisam ser detectados e solucionados eficazmente. Há situações em que é necessário ajudar o cliente a superar tensões reprimidas, lidar com frustrações das equipes de trabalho, administrar conflitos interpessoais, grupais e intergrupais, desencadear esforços de modernização e de inovação, e, até mesmo, superar resistências à mudança e aos obstáculos operacionais.

Não se deve abandonar a importância do cliente como pino de ligação entre a equipe à que se subordina e à equipe em que atua como chefe. O mais das vezes, cabe ao cliente o exercício do duplo papel de educador e de consultor, chefe e subordinado da organização a que pertence, interagindo com seus próprios colegas, superiores e subordinados simultaneamente no exercício de funções e papéis distintos.

A ATUAÇÃO DO CONSULTOR NO TRABALHO EM EQUIPE

As organizações são segmentadas em hierarquias de superintendências, departamentos, divisões, setores etc. e até pela definição de responsabilidades individuais. Pouco importa que hoje se considere bastante a assertiva das organizações pós-burocráticas, com usos diferenciados da hierarquia, *home office*, economia 4.0 etc.

Aqueles que são subordinados a uma mesma supervisão possuem funções mais ou menos definidas, seja por escrito ou informalmente. Ainda assim, não há manual de descrição de cargos que possa abarcar, prever e equacionar soluções para os dilemas diários que surgem nas organizações complexas modernas. Muitos desses dilemas do desempenho da equipe estão ligados à obtenção de resultados. Comunicações adequadas, compreensão recíproca, empatia e trabalho em equipe são indispensáveis à consecução do esforço coordenado e de resultados produtivos.

O Consultor precisa estar particularmente atento. Afinal, há várias consequências desfavoráveis no desempenho da equipe da qual o seu cliente participa. Os membros podem estar duplicando esforços, metade do trabalho pode ser improdutivo, inútil ou ser retrabalho. Quando há falta de comunicação e compreensão recíproca, tarefas e atividades necessárias podem não ser executadas porque caem no vazio existente entre o que duas ou mais pessoas pensam não ser sua obrigação individual, mas de outrem. As pessoas não conseguem vislumbrar possibilidades de cooperação em busca de resultados sinérgicos.

Até mesmo problemas mais gritantes que precisam ser resolvidos podem permanecer insolúveis em decorrência da dependência exagerada de tradições, precedentes ou de práticas do passado – todos superáveis – que oferecem orientação insuficiente quanto à ação a ser tomada. Sem a interação eficaz da equipe, as metas/objetivos individuais e comuns podem não existir, serem vagos, muito estreitos e tão pouco ambiciosos que não contenham qualquer significado. As decepções decorrentes de fracassos passados e os mal-entendidos interpessoais podem ter rompido o sinônimo moral/coesão. O exercício do poder/autoridade e a reação à forma como é exercido podem minar o empenho, a criatividade, ou bloquear as pessoas em seu esforço para satisfazer valores e desejos pessoais legítimos relativos ao trabalho.

Ao contrário do que ocorre com o trabalho em equipe baseado numa liderança dinâmica, participativa e contributiva, um sistema de controle assentado na figura tradicional do "chefe" gera predisposição contra a continuidade da boa comunicação, da compreensão e apoio recíprocos, da empatia. Por exemplo, nas estruturas piramidais, qualquer que seja o seu tamanho ou complexidade, é comum existirem postos vagos. Às vezes, tais postos poderão vagar de repente, o que piora a situação. Os postos disponíveis são sempre mais escassos à medida que atingem os níveis superiores. Isto faz com que alguns sejam indicados à promoção antes do que outros. É claro que no ápice da pirâmide há apenas um. Uma vez que nem todos podem assumir o comando e devido à propalada falibilidade do julgamento humano, a escolha de um candidato à promoção, nessas circunstâncias, envolve a rejeição implícita ou explícita de outros, acompanhada de todos os possíveis mal-entendidos, inveja e despeito associados a um clima de descaso, desinteresse e apatia.

Estas são realidades básicas da vida organizacional que um Consultor não pode deixar de considerar. Estimulam sentimentos competitivos e afetam negativamente a qualidade da cooperação do trabalho em equipe. Em situações de variação, tanto para subir quanto para ser "jogado para escanteio", ou para ser descartado, as pessoas passam a "confiar desconfiando", a evitar ações que, não importando quão relevantes sejam à organização, poderiam gerar risco de má interpretação pelos outros ou de não obter êxito. Quando tais considerações individuais predominam, devido à pressão da competição entre colegas, a cooperação necessária se inviabiliza e o trabalho em equipe se sacrifica.

As equipes são os tijolos das organizações. O bom trabalho em equipe contribui para a obtenção de resultados. É decisivo na busca e na eliminação das causas subjacentes aos problemas. A atividade em equipe é o cerne da eficácia organizacional. Mesmo do ponto de vista pessoal e da realização humana no trabalho é uma das fontes mais objetivas de satisfação que o mundo das organizações pode oferecer.

SOU PARTE DE UMA EQUIPE?

Eis aí uma responsabilidade decisiva do Consultor em atuação no trabalho em equipe: ajudar o Cliente a responder adequadamente a esta questão.

Quase sempre os Consultores a tomam como óbvia, considerando desnecessária a sua correta resposta. A pergunta é: "o Cliente é parte de uma equipe?". "Se for, de qual equipe?". "Quais são as outras partes?". Talvez muitos clientes respondam: "não,

não pertenço a uma equipe porque as pessoas que se reportam a um mesmo chefe nunca estão reunidas. Somos um punhado de indivíduos, não uma equipe".

Eis um teste para saber se você e eles formam uma equipe. Digamos que você tenha um problema para discutir com seu chefe. Após a discussão, chegam a uma conclusão. Você não é membro de uma equipe maior se a solução encontrada pode ser implementada por você mesmo e se os outros que estão subordinados ao seu chefe não precisam saber dela. Se o seu trabalho transcorre desta maneira, há apenas duas pessoas. A sua equipe é você e o seu chefe, uma díade, uma equipe de 2.

No entanto, você é parte de uma equipe maior quando, ao levar o problema para seu chefe, receber dele alguma das seguintes observações:

- "Deixe-me primeiro verificar isto com José";
- "Está certo, mas coordene seu trabalho com Bete";
- "Não se preocupe com isto. O Carlos está cuidando deste assunto";
- "Está bem, mas fale com o João para que ele fique a par do que ocorre".

Se a tomada de decisão envolve observações deste tipo, então, você participa de uma equipe maior, onde estão seu chefe, você e vários colegas. A razão para isto é que o que você faz está interligado em algum ponto com o que os outros fazem. Você e eles são interdependentes.

Há ainda outra possibilidade. É a de que seu chefe não faça qualquer observação. Mas isto não significa que você não faça parte de uma equipe: não necessariamente! Você, seu chefe e outros podem pertencer a uma mesma equipe, mas o trabalho conjunto pode ser tão falho que os impede de ter um "espírito de equipe", qualquer espírito de grupo. A tarefa de vocês, então, é formá-la.

Você é também parte de uma equipe se seu chefe disser: "faça isto, mas não diga nada a ninguém até que o fato tenha sido consumado. Se souberem disso com antecedência, vão bloqueá-lo". Quando isto acontece, os membros da equipe estão trabalhando contra ela e contra cada um deles entre si, ao invés de estarem prestando assistência uns aos outros no esforço de alcançar resultados. Neste caso, torna-se extremamente necessário o desenvolvimento de um trabalho em equipe construtivo.

Há uma outra forma pela qual você poderá pertencer a uma equipe sem aperceber-se disto. Tal situação se verifica quando você age de alguma forma e, em consequência, as pessoas ficam "automaticamente" capacitadas para também agir; ou pelo fato de você já ter agido, as pessoas não precisam fazê-lo. Tudo corre tão naturalmente que você não percebe a extensão em que o esforço de alguém ajuda o de outra pessoa. Mesmo que você não o sinta assim, isto constitui um excelente trabalho em equipe. A razão de tal afirmativa é que estas situações se configuram no aspecto mais intrinsecamente específico de seu trabalho. Além disso, elas possuem tamanho significativo para a eficácia dos outros que você e eles são partes de uma mesma equipe.

Enfim, poderá estar havendo trabalho em equipe quando alguém age sozinho, com outra pessoa ou com todos os demais membros. Tal processo pode ocorrer quando todos estiverem reunidos, face a face, mas também quando cada integrante estiver isolado de todos os outros. É viável que ocorra até mesmo quando uma pessoa estiver fora da situação e outra agir em seu lugar. Portanto, o trabalho em equipe é algo complexo.

O Consultor deve considerar todos esses ângulos na análise de qualquer situação com que se depare a equipe.

8. QUAL O PONTO CENTRAL?

O problema ou ponto central é a faceta da situação do cliente que no momento lhe causa dificuldades. Pode ser um dos quatro já citados ou qualquer combinação deles. O Consultor centraliza atenção naquilo que considera ser o problema focal, embora outros pontos possam estar ligados a ele de alguma forma.

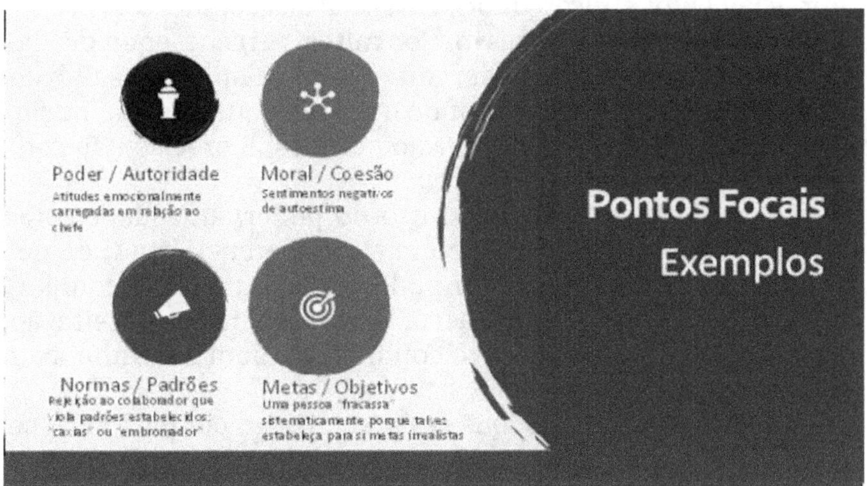

PODER/AUTORIDADE

Costuma ser o ponto central mais relevante, o problema mais reincidente no mundo das organizações. É uma fonte endêmica de doença social, em especial no moderno mundo globalizado.

Freud registrou muito bem as relações de poder/autoridade entre pais e filhos como básicas para os ajustamentos humanos e, também, como causa de muitos desajustamentos. Hoje essas questões se tornam ainda mais dramáticas, em particular no ambiente das relações de trabalho.

Problemas de poder/autoridade são encontrados em todas as dimensões da vida e entre pessoas de todas as idades. Repetem-se na família, na comunidade e no trabalho. Em quaisquer relações e dimensões da vida.

Todas as estratégias de intervenção são aplicáveis, caso a caso, para ajudar os clientes a lidarem com problemas de poder/autoridade.

Emprega-se a Estratégia de Intervenção Catalítica para se reduzir problemas de poder/autoridade na clarificação ou elucidação de níveis de desinformação e de distorções perceptivas.

Emprega-se a Intervenção Sistêmica para o cliente compreender o processo do comportamento nas organizações, as motivações humanas, as implicações no desempenho dos integrantes, na diversidade de gênero e de cultura, nas diferenças de geração, nos distanciamentos étnicos, de origem social ou geográficos.

Cuidado: muitas vezes o Consultor percebe equivocadamente o problema como poder/autoridade quando, na realidade, o ponto central é mais profundo. Às vezes questões de poder/ autoridade são apenas sintomas ou efeitos. É preciso não confundir causas e efeitos.

As condições objetivas do uso do poder/autoridade estão concentradas naquele que detém a competência final de decisão. Essa competência não pode ser mutuamente compartilhada. Gera conflitos, desperta discordâncias e inaceitação, mas que, normalmente, deve conduzir ao bom caminho, com direção e sentido.

Há estilos gerenciais, que se caracterizam por desinteresse, descaso ou omissão. Funcionam como defesa, proteção ou barreiras ao exercício pleno do gerente de sua competência decisória. Nesses casos, temos a fragilização do uso do poder/autoridade no cotidiano do trabalho da equipe. Em tais circunstâncias, os colaboradores da equipe em anomia costumam concorrer para preencher a lacuna ou subsiste o vazio gerencial.

Como o poder/autoridade não admite vácuo, floresce um problema a ser diagnosticado e devidamente resolvido pelo Consultor de Organização. Uma das características de uma equipe em busca de excelência é que o gerente é investido do poder/autoridade para supervisionar e controlar o desempenho dos colaboradores. O gerente preserva suas competências, mas, ao mesmo tempo, estimula o envolvimento, o compromisso, a franqueza e a contribuição de todos.

Decorrente do uso do poder/autoridade do cliente e de sua equipe, mesmo que todos interajam uns com os outros diariamente, poderão não estar intimamente conhecedores das responsabilidades de trabalho do "eu - sozinho" de cada um, do "um-com-um", do "um-com-alguns", do "alguns-com-alguns", do "um-com-todos" e de "todos-com-todos" que são praticados no cotidiano do trabalho.

Nesse caso, a Intervenção do Consultor deverá contribuir, com a estratégia adequada, para clarificar esses pontos cegos na inter-relação do Cliente com a equipe com o fito de descontaminar a ação produzida entre eles. É preciso tornar evidente que relações superpostas, mal definidas ou desconhecidas normalmente contribuem para "azedar" a qualidade do trabalho realizado.

Que atividades são reconhecidas pelo cliente e pelo coletivo da equipe como relevantes para o "e-sozinho", "eu-com-alguns", "eu-com-todos", "alguns-com-alguns" e "todos-com-todos"? O que não tem sido feito? O que precisa deixar de ser feito? O que deve ser delegado ou deslocado para outros? O que fazer? O que deixar de fazer coletiva e/ou individualmente?

A hierarquia organizacional frequentemente institui condições a partir das quais os dilemas de todos os dias ficam por resolver. São postergados. O desenvolvimento da equipe pode criar condições de duplicação de esforços e a perda de oportunidades são minimizadas. A construção de um novo clima de trabalho pode contribuir enormemente para a resolução cotidiana dos problemas.

O papel do Consultor é o de examinar o uso do poder/autoridade praticado pelo cliente dentro de sua equipe e extrair, por consenso, planos para a mudança em níveis melhores de participação, contribuição, abertura e franqueza.

É necessário que o Consultor desperte no cliente a percepção para diferenciar emoções induzidas por fantasias daquelas que possam melhor corresponder aos fatores circunstanciais da realidade objetiva. Quando o sentimento de medo e as ansiedades não são mais repelidos e quando o cliente se torna capaz de expulsá-los de forma de não auto-rejeição, ele dá o principal passo em direção a tratar as questões de poder/autoridade de maneira mais objetiva e realista.

Em suma, o poder/autoridade é uma fonte particularmente delicada de dificuldades no mundo das relações humanas. O problema, em geral, decorre em duas perspectivas: algumas pessoas que usufruem de poder/autoridade o fazem ineficazmente. Outros, que não desconhecem que a ele estão submetidos, têm dificuldade em aceitar a realidade fática em que estão.

Como as pessoas reagem ao poder/autoridade é um elemento crítico de efetividade, de cumprimento de compromissos, engajamento e de satisfação pessoal.

Quando as atitudes em relação à pessoa investida de poder/autoridade se revelam por sentimentos de antagonismo ou de ameaça, o Cliente tende a ser objetivamente menos competente para tratar com a situação que percebe adversa. Ciclos de comportamento de autodefesa e avaliações distorcidas da realidade podem resultar no empobrecimento das relações existentes. Isto ocorre quer se trate de um conceito abstrato de autoridade, como o *establishment*, ou o "sistema", quer se dirija especificamente a alguns, como um chefe, progenitor, professor, policial, um irmão mais velho etc. que, sob certas circunstâncias, detenham poder/autoridade.

Quando essas distorções ocorrem, a tarefa do Consultor é intervir para aliviar ou suprimir esse ciclo de reações improdutivas do Cliente.

MORAL/COESÃO

Seja qual for a equipe, naturalmente surgem entre os seus membros emoções e sentimentos distintos de interação uns com os outros, ora positivos, ora negativos, de respeito mútuo, de comprometimento e de consecução de resultados e de satisfação de necessidades humanas, de "espírito de equipe", de envolvimento e engajamento, de franqueza e de autenticidade, de harmonia, de colaboração e de competitividade, de afinidades e de diferenças, de solução de problemas, de negociação e argumentação, de obtenção de resultados e de motivação para realização.

Um clima de moral/coesão fundamentalmente comprometido com cobranças por resultados, batimentos de metas, relações autoritárias entre o gerente e sua equipe pode redundar em antagonismo e ações antiorganizacionais.

O que o Consultor deve fazer para desconstruir tal clima de relacionamentos?

Conflito é o comportamento de um indivíduo, de um grupo, de intergrupos ou da organização que impede ou restringe, pelo menos temporariamente, a contraparte de atingir objetivos desejados. É a emergência de tensão gerada pela contradição de ideias ou posições antagônicas em busca de resultados.

Já o consenso é obtido quando se operam, em sinergia, atitudes de *agreement* e de *commitment,* ou seja, de concordância mais envolvimento ou adesão.

Quando esses sentimentos e emoções são positivos, ficam constituídas as condições objetivas para o empenho, o envolvimento e a dedicação na consecução das tarefas e de atividades. Estabelecem-se graus elevados de confiança e de compromissos. Os participantes estão sempre abertos às alternativas de ações diferenciadas, disponíveis à contribuição e ao aprimoramento de esforço coletivo e ao oferecimento de um *plus* de energias criativas indispensáveis à realização do trabalho.

As práticas e precedentes são sistematicamente testados com vistas a que demonstrem a sua validade e pertinência.

Todos compreendem que o desenvolvimento permanente e sistemático da equipe é necessário para se conseguir auferir os melhores resultados.

A comunicação entre os membros da equipe tende a ser sincera, principalmente, quanto às atitudes e opiniões, sendo bastante aberta, franca e receptiva aos pontos de vista dos outros e às percepções divergentes.

A iniciativa é normalmente exercida tanto na previsão e na antecipação dos problemas quanto no seu equacionamento e solução.

Há uma atitude permanente de antecipação e de gestão de crises, com vistas a contorná-las.

A iniciativa da confrontação dos problemas é desencadeada por todos, sempre a respeito de assuntos que requeiram a atenção da equipe ou de alguns de seus membros.

Há uma predisposição de todos, individualmente e em grupo, pela aceitação e satisfação da mudança como parte do trabalho, sem que ela se torne um fator de crise, estresse ou tensão, mas, ao contrário, de superação de novos desafios.

Todos são motivados por oportunidades de alcançar resultados de alta qualidade. Existe uma associação natural e espontânea de moral/coesão da equipe com a obtenção de metas e de objetivos.

Eis aí a descrição sumária de uma equipe sob liderança de uma cultura fundada no uso da hierarquia "todos-com-todos", de um líder dinâmico que se vale de legitimidade de utilização das distintas interações do "eu–sozinho", do "um–com–um", do "um–com–alguns", do "alguns-com-alguns" para encaminhar soluções diferenciadas dentro de um melhor estilo de processo de tomada de decisão, de condução de pessoas e de programas.

Em oposição, num extremo, na ausência do uso da hierarquia pelo líder, configuram-se atitudes e comportamentos de baixo moral e de baixa coesão, muitas vezes advindos de exigências da organização que vão de encontro aos interesses dos indivíduos e da própria equipe como um coletivo de trabalho. A comunicação é fechada, escamoteada e mantida ao nível mínimo de convivência social e profissional.

Muitos se indagam: por que tentar fazer o que nos pedem, com empenho e dedicação, se não recebemos em contrapartida um tratamento adequado da liderança de nossa equipe? A iniciativa do trabalho em equipe é exercida raramente, mesmo quando há orientações claras, prazos e tarefas a realizar.

A resultante de desempenho costuma ser atitudes de desinteresse e descaso, de alienação e de indiferença, de distanciamento e de falta de comprometimento com as tarefas e atividades a realizar; e de falta de interação com os outros, quando não de rejeição e de conflito interpessoal. O desenvolvimento da equipe passa a ser considerado irrelevante, uma vez que reais soluções não podem ser alcançadas. Por que tentar, então, já que, de qualquer forma, é sempre muito difícil modificar as coisas?

Uma atitude de embromação passa a ser constante, em que todos se ajustam a fazer o que seja estritamente necessário para manterem as suas posições na folha de pagamento. As pessoas desempenham suas tarefas de sempre, seguindo a rotina, sem refletir muito se os outros seriam capazes de fazê-las melhor. Muito menos se perguntam se deveriam ainda ser feitas, delegadas a outrem, transferidas ou automatizadas.

Não se busca padrões de excelência de desempenho. Imagine! Ninguém é molestado ou cobrado por não estar contribuindo ou fazendo muito pouco.

As práticas e precedentes do passado e as tradições de trabalho da equipe provêm orientações quanto à quantidade de esforço apenas o suficiente para manter as coisas exatamente como são feitas.

O espírito reinante na equipe é de indiferença apática, sempre na convicção de que o que se propõe não vai funcionar. Portanto, "não adianta dar murro em ponta de faca".

A confrontação em equipe só se dá para exame de problemas quando se é forçado por condições que estão tornando as situações incontroláveis ou críticas, ou seja, quando a equipe já se encontra no limiar da perda de controle. Desta forma, o tratamento de problemas imprevistos é solenemente ignorado até que a situação se torne crítica, e sua consideração e equacionamento se imponham. Assim, a utilização do tempo não é uma variável valorizada no trabalho em equipe, tendendo a ser mais ou menos ignorado vis a vis à sua contribuição na solução dos problemas.

Um membro típico de uma equipe de um líder ausente tende a aceitar decisões tomadas pelos outros em vez de assumi-las como parte de suas responsabilidades. Concorda com as opiniões, atitudes e ideias alheias e evita tomar partido em posições divergentes eventualmente sugeridas no decorrer do trabalho. Prefere manter-se neutro e não se envolver.

Raramente se irrita com seus colegas no desempenho de suas tarefas já que não tem muito envolvimento com elas: "deixa estar pra ver como é que fica". Seu senso de humor é tido por todos como irrelevante, desfocado, insípido e sem sentido, voltado primacialmente para a sua sobrevivência na organização.

É preciso que o Consultor atue no sentido de identificar com vistas a reduzir ou eliminar as reservas e dúvidas a respeito de moral/coesão no que se refere ao trabalho do Cliente e de sua equipe.

Os integrantes da equipe e o próprio Cliente poderão relutar em engajarem-se nas atividades do cotidiano do trabalho, de forma aberta e franca, sob a alegação de que as tensões e os antagonismos implícitos existentes poderão ser despertados, deixando todos em piores condições do que se a atividade de consultiva não tivesse sido empreendida. Muitas vezes, tais reservas e dúvidas subsistem mais como sentimentos vagos ou como fantasias do que em função de uma avaliação objetiva relativa aos fatos e às evidências.

O Consultor deve considerar quaisquer frustrações, tensões, ansiedades ou dúvidas que o Cliente e os membros de sua equipe tenham quando se dá intervenção da Consultoria.

Mesmo quando as normas/padrões da equipe apoiam a produtividade e quando poder/autoridade são exercidos de forma a produzir sinergia, um outro fator também precisa estar presente: é o fator moral/coesão.

Uma das fontes de moral/coesão mais significativas deriva do indivíduo que já sente que a situação em que atua lhe permite contribuir com o máximo de seu empenho. Isto tem vários significados. Um deles é que a pessoa tem a perspectiva objetiva de seu próprio comportamento. Somente quando ela se situa em termos objetivos é que adquire condições de identificar bloqueios à sua eficiência e possíveis contribuições que poderão ser conseguidas mediante mudanças que possam produzir. Significa, também, que as tensões e os atritos interpessoais não existem enquanto obstáculos, impedindo o indivíduo de contribuir eficazmente.

Quando o indivíduo pode ter uma visão objetiva de si mesmo e está ciente das mudanças que precisa introduzir a fim de aumentar sua eficácia comportamental e quando as tensões e os atritos tiverem sido reduzidos ou eliminados, o nível de moral/coesão tanto da equipe quanto dos indivíduos terá chegado ao ponto máximo de desempenho.

Uma vez identificadas dificuldades dessa natureza, o Consultor deve atuar no sentido de tentar reduzi-las ou eliminá-las como condição objetiva dos processos de intervenção. A questão a ser respondida, então, será: quais são as preocupações e reservas do Cliente quanto à ação do Consultor?

NORMAS/PADRÕES

Está faltando a adequada definição de normas/padrões, o que resulta em atividades não planejadas, desordenadas, não previsíveis apesar dos planos e programações poderem levar à melhoria do desempenho?

Como fazer surgir normas/padrões construtivos?

É preciso regular o comportamento e a conduta em termos aceitáveis de todos, por consenso, para ocasionar a previsibilidade e a equação de problemas?

O Consultor deve atuar no sentido da consecução dos seguintes objetivos no que tange à superação de problemas:

1. Chegar ao consenso da equipe-cliente quanto às normas/

padrões adequadas para se obter um trabalho de excelência de desempenho;

2. Clarificar quais são as normas/padrões reais que orientam a atuação da equipe;
3. Identificar as discrepâncias existentes entre as normas/padrões reais, ou seja, aquelas efetivamente praticadas, e as ideais, ou seja, aquelas que a equipe deveria adotar para a busca do desempenho de excelência.

Os integrantes da equipe-cliente compartilham normas/padrões de desempenho em muitos aspectos de seus comportamentos individuais e coletivos. Tais normas/padrões atuam com frequência sobre os membros da equipe, de forma silenciosa, mas poderosamente. Influenciam no que fazem e no que não fazem, constituindo parte importante dos hábitos, práticas e precedentes das equipes. Forjam a sua cultura.

Quando normas/padrões são válidas, estabelecem uma base sólida de execução do trabalho. Mas à medida que se mostram obsoletos, ultrapassados, equivocados ou irrelevantes impedirão tanto a realização produtiva do trabalho quanto a satisfação pessoal dos membros da equipe.

As equipes possuem normas/padrões orientados para "o quanto é suficiente". Tanto o "Caxias" quanto o "embromador" viola tais critérios de desempenho nos extremos opostos. E aí se tornam objeto de atenção do Consultor com a estratégia adequada de intervenção.

Normas/padrões estão fundamentados no passado histórico da equipe e da organização. O modo de proceder da equipe deriva assim do seu próprio desempenho, constituído da sua rotina de trabalho. Passa a fazer parte de sua natureza, como se comporta e enfrenta as questões do cotidiano.

- Tradição – norma tácita fundamentada naquilo que se tornou habitual ou costumeiro;
- Precedente – uma ação aplicada ontem que se tornou um procedimento estabelecido para fazer coisas;
- Hábitos Passados e Práticas – formas ou maneiras provadas e comprovadas que caracterizam o *modus operandi* do Cliente e sua equipe.

METAS E OBJETIVOS

É amplamente reconhecido o fato de que são as metas/objetivos que dão conteúdo e direção a qualquer esforço. Quando o trabalho é planejado e organizado em termos de uma orientação para objetivos, as pessoas conhecem o destino que estão tomando. Torna-se possível identificar discrepância entre o que está sendo feito no presente e o que deveria ser feito e, desta forma, manter o percurso. Além disso, torna-se possível eliminar as barreiras que se interpõem no caminho da realização de um objetivo. É mediante o estabelecimento da busca de metas/objetivos que os requisitos organizacionais e as necessidades individuais têm mais probabilidades de se fundirem, formando um conjunto unitário de necessidades.

A administração por metas/objetivos é uma administração focada. Ela proporciona uma base para o tratamento inteligente dos problemas de hoje e para previsão e resolução dos problemas de amanhã, antes que se tornem obstáculos prejudiciais aos resultados. Muitas outras vantagens podem ser citadas. Uma delas é que o trabalho é mais significativo quando os participantes estão lutando para alcançar metas. Uma outra é que se torna possível o planejamento mais específico e eficaz em caráter gradual, desde o início até atingir o objetivo, o que significa redução de arrancadas falhas, menor incidência de "ensaio e erro" e maior eficácia em termos globais. Ao atuar dentro de uma estrutura planejada, onde cada integrante pode visualizar o todo, os gerentes podem empenhar suas energias confiando mais na autorregulação dos subordinados do que na supervisão cerrada como forma de controle. Ainda outra vantagem é que quando os integrantes da equipe possuem objetivos, eles tendem a se tornar pessoalmente comprometidos na sua consecução. Cada indivíduo tem condições de compreender e avaliar a maneira pela qual estes esforços "eu-sozinho" e "um-com-um" se combinam com os dos outros. A cooperação resultante pode produzir resultados sinérgicos.

O mais importante é chegar ao consenso quanto às metas/objetivos que merecem prioridade e quanto àquelas que, embora importantes, precisam que seja dispensado menor empenho e dedicação.

Muitas equipes desenvolvem alto grau de moral/coesão, o

que resulta num clima de calor humano, camaradagem e boas relações interpessoais. No entanto, nem sempre este tipo de uso da
moral/coesão aumenta necessariamente a qualidade e os resultados do trabalho em equipe. Eis aí uma circunstância importante, nem sempre percebida, que deve merecer especial atenção do
Consultor de Organização como uma situação-problema: o que e
como fazer para transformar um grupo social numa equipe funcional de trabalho? As pessoas não precisam necessariamente se
amar no trabalho, mas devem se respeitar.

Um Consultor eficaz continuamente se pergunta: este é o verdadeiro cliente? O Cliente certo é o que está precisando resolver o problema. É uma unidade social maior ou menor? Nem sempre é o contratante. O que o Consultor faz, em que ponto deve intervir e a quem deve ajudar?

A pessoa que está intervindo é o Consultor. Quem sofre a intervenção é o Cliente. O problema a ser resolvido é o Ponto Central. O Ponto Central é o problema a ser equacionado pelo Cliente para prosseguir de forma mais efetiva.

No processo de consultoria é fundamental que o Consultor seja capaz de identificar, com precisão, tanto o cliente quanto o problema/ponto central e a estratégia de intervenção que adotará. Nenhum dos três é mais importante do que os demais.

- Indivíduo;
- Grupo/Equipe de trabalho;
- Intergrupos/Interequipes;
- Organização;

- Sistemas Sociais mais amplos.

Quando o Consultor lida com o "cliente errado", a consequência é, na melhor das hipóteses, improdutiva e, na pior, destrutiva.

Por exemplo: o Consultor é abordado por um indivíduo cuja dificuldade é a interação com outra pessoa do mesmo nível hierárquico. O verdadeiro cliente pode ser a própria pessoa, o seu grupo, a relação intergrupal, interpessoal, os dois, se ambos são dirigentes de unidades organizacionais distintas. Quem é o Cliente? Eis a questão-chave a ser respondida!

Quando a decisão sobre a identificação do cliente resulta em atitudes ganha/perde entre duas unidades organizacionais, está claro que nenhum dos dirigentes é o cliente, nem qualquer uma das unidades. Antes, por certo, o cliente são as duas unidades consideradas em conjunto. São elas que precisam se conscientizar e operacionalizar a necessidade de ações colaborativas para superações de adversidades recíprocas, equacionar as suas diferenças na maneira de ver o problema, entender as razões de suas emoções, com base na busca de uma compreensão compartilhada. Só assim poderão alcançar soluções adequadas para os seus problemas de colaboração, de trabalhar em conjunto em processo de cooperação e de empatia.

UNIDADES DE MUDANÇA

O contexto social de uma intervenção é determinado pelos indivíduos ou grupos a que se dirige a intervenção. Outro contexto pode ser um grupo ou uma equipe – seja um casal, um pequeno grupo de trabalho ou um agrupamento maior (cujos membros têm algum elemento em comum gerador de uma associação permanente). Uma unidade de mudança ainda maior é o contexto das relações intergrupais, como, por exemplo, entre duas divisões ou departamentos. Uma quarta possibilidade seria toda a organização, como uma escola, uma igreja ou uma empresa pública. A quinta categoria compreende sistemas sociais mais amplos, como uma comunidade, uma cidade ou um grupo de estados e, até mesmo, um país.

É muito importante, para o Consultor, determinar "quem" é o

verdadeiro cliente. Tentar focalizar a mudança em só um membro do grupo, como se fosse uma entidade separada, provavelmente só gerará resistências, pois tal mudança o tornaria um desviante, rejeitado pelos outros membros do grupo que não teriam compreensão, e muito menos simpatia, pela modificação do cliente. O verdadeiro cliente, neste caso, é o grupo – em outras palavras: para um membro do grupo mudar, todos precisam mudar juntos e simultaneamente, no caso de algum deles precisar mudar.

SISTEMAS SOCIAIS MAIS AMPLOS

A ideia de sistemas sociais mais amplos, também objeto de intervenção em consultoria, talvez mereça, aqui, uma sumária explicitação do que se trata conceitual e operacionalmente na atuação de um Consultor de Organização.

Há duas maneiras de visualizar as intervenções que se aplicam a sistemas sociais mais amplos. A primeira visualiza o Sistema como um aparato institucional para proporcionar aos seus membros abrigo, comida, vestuário, habitação, saúde, segurança. Por este conceito, uma comunidade ou até mesmo uma nação são aptos a cumprirem essas finalidades. Um hospital, por exemplo, é um caso especial de um sistema social mais amplo em que, adicionalmente, além de proporcionar as exigências básicas acima definidas, é estruturado para ajudar clientes a superar problemas de doenças mentais e físicas. A universidade também se considera apropriadamente como um sistema social amplo.

Sistemas sociais mais amplos também podem ser considerados instituições que se dedicam à resolução coletiva de problemas individuais críticos de grande alcance e repercussão social, como o alcoolismo, o uso de drogas, o vício em jogo e a recuperação de delinquentes.

Várias das abordagens para equacionar – e até resolver por definitivo – esses problemas individuais objetivam instituir sistemas sociais dentro dos quais são fornecidos às pessoas em busca de ajuda os necessários suportes para romperem ciclos individuais de automalefícios.

SUA HABILIDADE
EM IDENTIFICAR
CORRETAMENTE
O PROBLEMA
PROCEDER A
INTERVENÇÃO
QUE
OBJETIVAMENTE
A SITUAÇÃO
EXIGE
TRABALHAR
COM O CLIENTE
CERTO
A Eficácia do Consultor
depende de

10. MODELOS DE INTERVENÇÕES EM CONSULTORIA ORGANIZACIONAL

O caráter, o contexto e o objetivo central de uma intervenção são aspectos importantes para o esperado sucesso. Com isso em mente, pode-se identificar 5 tipos principais de intervenção. Veja:

CATÁRTICA

O objetivo é fornecer ao Cliente uma sensação de segurança pessoal, de forma que, quando estiver trabalhando com o Consultor, se sentirá livre para expressar seus próprios pensamentos, sem medo de julgamentos adversos ou rejeições. O Cliente pode, então, ser auxiliado a "selecionar" emoções de uma forma autoconfiante e, assim, adquirir uma visão mais objetiva da situação.

CATALÍTICA

Uma intervenção catalítica fornece assistência ao Cliente na reunião de dados e informações para reinterpretar as suas percepções de como são as coisas. Dessa forma, o Cliente pode adquirir uma maior consciência do problema e de como lidar com ele.

POR CONFRONTAÇÃO

Esta desafia o Cliente a examinar como as atuais bases de pensamento – geralmente pressupostos carregados de valores – podem estar colorindo e distorcendo a forma como as situações são vistas. Isto é, o Cliente pode bloquear uma ou mais alternativas as quais, se ele estivesse consciente delas, poderiam levar à seleção de ações mais eficazes.

PRESCRITIVA

O consultor diz ao Cliente o que fazer para retificar uma dada situação ou faz isso para ele. O Consultor assume a responsabilidade de desenvolver a evidência para o diagnóstico e formula a solução como uma recomendação a ser seguida.

SISTÊMICA

Através do oferecimento de teorias, relativas à situação do Cliente, o Consultor ajuda o cliente a assimilar formas de entendimentos testados sistemática e empiricamente. Estes princípios, quando os clientes os apreendem o suficiente para que se tornem pessoalmente úteis, permitem que ele visualize a sua situação relacionando causa e efeito de uma forma mais analítica do que fora possível anteriormente. Assim, o cliente se torna apto a diagnosticar e planejar como lidar com as situações atuais e futuras, com métodos mais válidos. Desde o início, ele pode especificar como endireitar a situação imediata e, posteriormente, melhorar outros aspectos através da seleção de alternativas bem avaliadas.

As intervenções do Consultor podem ser do tipo catártica "pura", ou catalítica "pura", confrontação "pura", etc. Alguns Consultores empregam "misturas", adotando uma posição catártica em um ponto, mudando para a catalítica em outro e a confrontação em ainda outro, às vezes de uma forma mais impulsiva do que planejada. Entretanto, a maioria parece desenvolver um estilo de intervenção e permanecer nele, até excessivamente. É claro que o enfoque de intervenção adotado não deve ser baseado nas técnicas favoritas do consultor, mas antes na necessidade diagnosticada do cliente.

CONTRIBUIÇÕES MAIS REVELANTES AOS MODELOS DE INTERVENÇÃO EM CONSULTORIA ORGANIZACIONAL

CATÁRTICO – Carl Rogers

CATALÍTICO – Edgar Schein, Warren Bennis, Richard Beckhard, National Training Laboratories (NTL) – Grupo de Sensibilidade/T-Group

CONFRONTAÇÃO – Chris Argyris

PRESCRITIVO – Peter Drucker

SISTÊMICO – Rensis Likert, Douglas MC Gregor, Blake&Mouton, Eric Berne, DO, Análise TransacionaL, SWOT – Campo de Forças de Kurt Lewin

11. ABORDAGENS À CONSULTORIA EFICAZ

Pelo menos cinco abordagens diferenciadas de feedback podem ser adotadas entre o Consultor e o Cliente. Cada uma delas objetivando estabelecer uma interação mais profícua e aberta de comunicação. São elas:

a. Liberação de emoções ou por catarse;
b. Reflexiva ou por catálise;
c. Reativa ou por confrontação;
d. Responsiva ou prescritiva;
e. Sistêmica.

Se o papel do gerente como consultor e educador é partilhar a avaliação de desempenho que faz com o colaborador, ele precisa concentrar-se nos fatos observáveis que podem ser reconhecidos tanto por um quanto por outro.

Um dos maiores problemas dos gerentes/consultores intelectualmente sofisticados é que eles interpretam corretamente para o colaborador/cliente os resultados de seu desempenho, mas a interpretação às vezes está de tal modo distante da capacidade de percepção do colaborador/cliente que este rejeita tanto a interpretação quanto o gerente/consultor.

O Consultor precisa estar atento para não deixar que seus próprios filtros de percepção entrem em ação, no sentido de antecipar informações que tenham tanta relevância para o colaborador/cliente ou que sejam, na verdade, a expressão de seus preconceitos e estereótipos em relação a ele.

Muitas considerações determinam a eficácia de uma intervenção ou de um *feedback*, mas certamente a exclusividade de uma única abordagem exclui a necessidade de outras modalidades que, em diferentes ocasiões, mostram-se bem mais pertinentes em função das necessidades sentidas do Cliente e da situação-problema.

A utilização das diferentes abordagens delineadas a seguir pressupõe a existência de um melhor processo gerencial de relacionamento com os clientes, ajustando-se taticamente a partir de uma gama de alternativas diferenciadas para a solução de problemas específicos.

A qualidade do desempenho da consultoria depende da habilidade em identificar corretamente as dificuldades do cliente, de proceder a intervenção que, de forma objetiva, a situação exige e de trabalhar com as dimensões fundamentais do comportamento do cliente.

I. ESTRATÉGIA DE INTERVENÇÃO CATÁRTICA

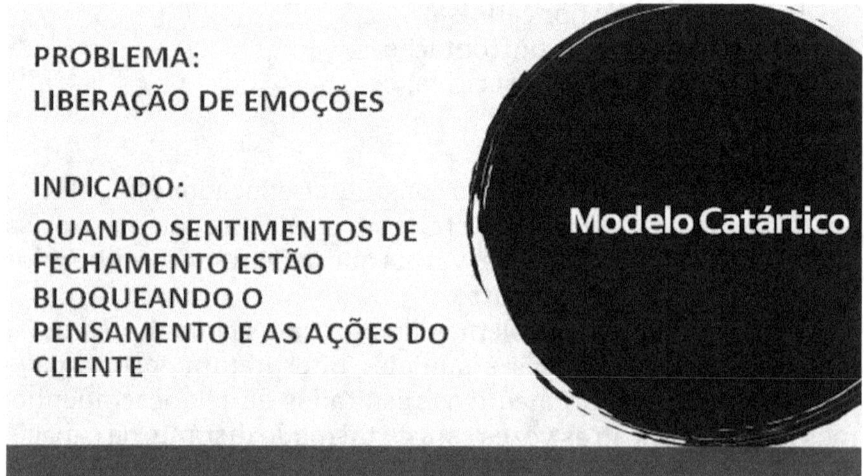

CATARSE

Processo psicológico de liberação de tensões emocionais: frustrações, raivas, ansiedades, angústias e mesmo a sensação vaga e difusa de que as coisas estão erradas e podem bloquear a capacidade de percepção e a resolução construtiva de problemas.

A existência humana é pontilhada de carga emocional, muitas delas inesperadas, incômodas, indesejadas, imprevistas.

Quando uma pessoa está emocionalmente perturbada, sentindo-se perdida, incapaz até de pensar, o processo catártico pode ser de grande auxílio no esforço de libertar-se das influências negativas ou disfuncionais. A tomada de consciência de si mesmo e da situação que a cerca é o primeiro passo, essencial, para que a pessoa possa superar as barreiras que lhe dificultam um comportamento mais lógico e consistente.

Angústias, decepções, hostilidades, irritações, frustrações, incompreensões e desentendimentos com chefes, colegas e/ou subordinados afetam a eficácia de uma pessoa em seu trabalho.

Percepções distorcidas da realidade, falta de informação, estereótipos e julgamentos *a priori* também afetam a ação de uma pessoa no trabalho.

Emoções agudas do cliente sempre se dão quando ele se sente rejeitado por supressão ou por diminuição do indivíduo como pessoa. Sentimentos como ressentimento, hostilidade, frustração ou perda de autoestima podem levar à crença da inutilidade, como pessoa e profissional, a atitudes pouco produtivas ou saudáveis e, até mesmo, a comportamentos autodestrutivos.

Particular atenção deve ser dada pelo Consultor Catártico quando é visto pelo Cliente como um *expert*. Nessas circunstâncias, ele deve sutilmente repassar para o cliente exatamente o contrário, sendo apenas alguém que se interessa pelos problemas que expõe e que apenas deseja ajudá-lo imparcialmente, de forma neutra e não avaliativa. É importante que o Consultor crie as condições objetivas para que o cliente passe a se autoaceitar e a se autoperceber como uma pessoa importante, significativa e que possa contribuir.

A objetividade absoluta implicaria na ausência de emoções, o que não está ao alcance nem nos ideais do ser humano, como *Homo Sapiens*. Somos razão + emoção. Às vezes, em situações especiais do cotidiano de minha vida como Consultor, constato que *Homo Maniacus* se sobressai indevidamente mais do que eu gostaria.

O Consultor Catártico constrói com o cliente um clima de segurança pessoal, de modo que o cliente se sinta à vontade para expressar seus sentimentos, sem medo de julgamentos adversos, represálias, rejeições ou recriminações.

As ações de liberação ajudam o cliente a "limpar a cuca", "botar o lixo pra fora", a desabafar. Vivencia o aumento de autoaceitação. Desfruta de maior espontaneidade e franqueza, especialmente para si. Conversa consigo mesmo de forma mais objetiva. Vivencia as emoções baseadas na realidade, aquelas adequadas às circunstâncias. Aumenta sua capacidade de resolver problemas através de formulações mais realísticas.

O cliente não fala apenas sobre como se sente, mas "se abre" emocionalmente na presença do Consultor.

O Consultor introduz comentários para ajudar o Cliente a prosseguir em sua catarse, ao invés de entrar num impasse ou círculo vicioso, em que se repete e se contradiz.

Por suas atitudes de empatia, de capacidade de ouvir ativa e solidariamente, de gestos, expressões faciais, formas de olhar, e através da aceitação não avaliativa do que é expresso pelo Cliente, o Consultor o estimula e apoia no descarregamento de suas tensões negativas e sensações de desapreço.

O Consultor não dá conselhos nem sugestões. Não toma partido. Sabe que só assim o cliente relaxará, reduzindo o nível de pressão emocional para se abrir e dar vazão ao pensamento livre e descongestionado com o fito de adquirir uma visão mais objetiva de sua realidade.

O Consultor Catártico, enfim, ajuda o cliente a cogitar sobre seus problemas, mas de tal maneira que este retenha a posse e a responsabilidade das soluções adotadas. Fornece apoio solidário e empático, procura ouvir ativamente as colocações do cliente, sem deixar-se envolver no conteúdo específico do que está sendo exposto. Pode intervir de forma que o cliente vivencie um alívio emocional, mas o faz de forma neutra e não-prescritiva, imparcial.

PASSOS BÁSICOS:

Ao identificar a necessidade de assumir a abordagem de liberação de emoções ou catarse, o Consultor deve adotar a seguinte estratégia geral de interação com o Cliente, por meio da aplicação dos passos:

Passo 1. Ouça o Cliente ativamente. Procure compreender em profundidade o problema a partir do ponto de vista dele, mesmo que você não concorde com o que está sendo dito. Sinta com ele e não como você sentiria se estivesse no lugar dele.

- Intervenha com empatia

Dedique-se a identificar, compreender e ajustar as percepções de perda, dos medos e dos ressentimentos do Cliente à mudança. Não se lance no "oba-oba", em um discurso apressado de animação e de incentivo em favor da mudança, antes de o Cliente ter tido a oportunidade de explicar os seus questionamentos e preocupações.

Se você fracassar em ouvi-lo ativa e interessadamente, em compreender as suas razões visando a esclarecê-las, adicionará um bocado de lenha na fogueira dos ressentimentos e aumentará desnecessariamente as resistências à implantação do novo. Coloque-se no lugar dele. Veja com os olhos que ele vê, não com os olhos que você veria se fosse ele.

• Ouvir Ativamente

Esta condição começa pela maneira com que você interage com o seu interlocutor, como recebe a informação que ele lhe dá. Você deve não só ouvir as palavras como são ditas, mas a maneira como elas são expressas.

Você será capaz de perceber além do que lhe está sendo dito, identificando as reais intenções de quem fala. A maioria dos fracassos das interações humanas ocorre porque aqueles que ouvem, conscientes ou não, estabelecem barreiras ao livre fluxo da comunicação. Assim, enquanto você ouve o que lhe é dito, é importante manter a mente aberta e um sentido aguçado para bloquear julgamentos ou avaliações precipitadas; manter-se focado e atento ao conteúdo e à forma da mensagem que recebe.

Use, além dos ouvidos, os próprios olhos para perceber adequadamente o que querem dizer-lhe. As pessoas estão permanentemente nos passando informações sobre seus sentimentos e emoções. Estão ao nosso dispor, desde que estejamos também disponíveis e receptivos a observá-las detida e ativamente.

Por exemplo, quando você diz: "você parece perturbado, o que há?", na verdade, você já expressa como pode perceber alguém que lhe é próximo. Mas, acima de tudo, as suas palavras certamente refletem a sua real percepção de como o seu interlocutor lhe parece estar interiormente.

O que, nas atitudes de alguém, possibilita avaliar a pessoa? Você observa mudanças de posturas, tensões musculares, enrubescimento facial, como mexe as mãos, como segura a cabeça ou pronuncia as palavras?

O que fazem com as mãos e os pés ou como respiram contribuem igualmente para enviar mensagens a um ouvinte ativo, que ouve também com os olhos.

E você certamente será capaz de discernir as mensagens emocionais pela forma com que o interlocutor move os seus músculos faciais. Isto inclui, por exemplo, o número de vezes em que pisca e a natureza de seu contato visual. Todo o tempo em que de fato estiver ouvindo, você será capaz de captar informações relevantes dos sinais visuais disparados pelo seu interlocutor, enquanto fala e ouve o que lhe é dito.

Como você interpretaria, por exemplo, um interlocutor curvado, com olho fixo no chão e sorridente? Ou com os braços apertados, cruzados no peito?

Tais atitudes transmitem uma mensagem de ceticismo, descrença, cinismo, sarcasmo ou discordância? Você conclui que tais atitudes indicam beligerância ou relutância, conflito ou indecisão? Ou tais atitudes significam ainda constrangimento, vergonha ou medo de humilhação?

Nem sempre você sabe, não é verdade? Aí está a importância de permanecer e aprender ainda mais como ouvinte. Ouvindo melhor, você será capaz de dar e receber *feedback* de forma educacional, construtiva e relevante. Até porque mais importante do que ouvir é dizer, de forma a fazer crescer o interlocutor, propiciando-lhe reais oportunidades de desenvolvimento enquanto profissional e pessoa.

O Consultor pode evitar muitos equívocos de comunicação se compreender que nem sempre o Cliente o ouve, mesmo quando a sua atitude assim demonstre. Voltado para as suas próprias preocupações, alheio ao diálogo por quaisquer outras razões, ou pela maneira como a informação lhe é passada, o Cliente escuta, mas não ouve, simplesmente não registra o que lhe é dito.

Ouvintes superficiais podem ser colaboradores dedicados que tentam concentrar-se, mas que não conseguem absorver as mensagens que lhe são destinadas, criando assim uma série de mal-entendidos na execução de suas tarefas.

Quando ocorrem dificuldades de comunicação por má compreensão do que é dito, o gerente como Consultor deve preliminarmente examinar as suas próprias habilidades individuais de interagir com as pessoas antes de responsabilizar o Cliente. Por exemplo:

a. Mostre respeito às opiniões e ideias do Cliente, ouvindo atenta e interessadamente o que lhe é dito. Desen-

volver um clima de respeito mútuo é condição essencial para o sucesso da relação de consultoria;
b. Analise as palavras e o contexto do que lhe é dito pelo Cliente. Muitos problemas ocultos ou latentes são revelados toda vez que o Consultor é capaz de identificar e classificar as situações de dúvidas ou de incertezas. Ele aumenta, portanto, a sua capacidade de eleger uma forma melhor de tornar a sua intervenção mais clara e precisa, superando dificuldades de compreensão na aplicação de regras, normas e procedimentos da organização.
c. Leia nas entrelinhas. É comum o cliente não conseguir ser direto e objetivo nas suas manifestações. Um bom ouvinte ouve até o que não é dito, mas que é comunicado por outras formas de expressão – gestual, facial, corporal, postural, por tom ou ênfase nas palavras ou sílabas, pontos de inflexão de frases, omissões ou silêncio significativo.

Passo 2. Olhe o Cliente nos olhos. Sorria, expresse palavras monossilábicas ou movimentos e maneios de cabeça que o incentivem a falar mais. Diga algo como "compreendo", "sei', "ah-ah" ou "uhm".

Passo 3. Ajude-o a liberar suas tensões, ansiedades, frustrações, hostilidades. Adote uma atitude solidária e de respeito por seus sentimentos, se bem que não seja de concordância, adesão ou de apoio ao que diz. Seja neutro e imparcial, não avaliativo. Proporcione ambiente e clima que façam o Cliente sentir-se à vontade.

Passo 4. Estimule-o a falar mais, por exemplo, com estímulos assim: "Dê-me mais detalhes"; você descreveu o problema assim, e agora como se sente em relação a ele?; "Diga-me mais"; "Foi isso que você disse?".

Passo 5. Caso o Cliente silencie ou fique se repetindo, seus pensamentos estejam desorientados, insista na última observação que ele tenha feito e demonstre que você compreende e aceita, sem julgamento, o que foi dito.

Passo 6. Não dê qualquer conselho ou sugestão. Mantenha-se fora do conteúdo do problema. Não concorde nem discorde do que o Cliente está dizendo. Fique fora do conteúdo do que é dito.

Passo 7. Se você tiver uma atitude de compreensão, empatia e apoio, auxiliará o Cliente a autodiagnosticar a situação de modo objetivo e autônomo. E, ao mesmo tempo, estabelecerá as bases de autoconfiança necessárias à resolução efetiva do problema. Convença-se da importância de sua atitude.

Passo 8. Centre o processo de aprendizagem no Cliente. Todo diagnóstico e implementação de soluções deve partir dele. A verdadeira mudança vem de dentro, de anelos internos, é endógena.

Passo 9. Parta da premissa de que o primeiro problema apresentado pelo cliente pode não ser o real. Talvez o problema real só surja quando o cliente aprender a construir confiança na sua habilidade em lidar com a própria frustração, irritação, raiva, angústia e perda de autoestima.

O cliente, lembre-se, pode excluir as reações emocionais intensas da sua percepção consciente, embora essas forças ainda estejam operando. O termo técnico é repressão. Pode estar reprimindo ou racionalizando a percepção de suas emoções.

Atitudes emocionalmente carregadas podem atrapalhar tanto, que a pessoa perde a eficácia no tratamento do problema.

Sentimentos de impotência também impedem ações corretivas.

Normas/padrões podem ser o ponto: o cliente é visto como aquele que rompe as normas, padrões ou expectativas do grupo em relação aos demais?

O cliente fracassa porque estabelece para si metas irrealistas? Já aí estaria num problema de metas/objetivos.

A Intervenção Catártica permite ao cliente liberar o seu pensamento de emoções incapacitantes.

O Consultor não toma partido, nem auxilia o cliente a justificar a racionalidade de sua posição ou sentimentos. O ciclo de comportamento deve ser rompido e não estimulado e perpetuado.

A receptividade não avaliativa do Consultor fornece a base para o cliente restabelecer sua autoconfiança, se tornar mais objetivo e equacionar melhor os seus problemas.

Aceite a situação do cliente sob o ponto de vista dele, sem necessariamente aceitá-la como válida. Centre o processo de aprendizagem no cliente. Todo diagnóstico e a implementação de soluções devem partir dele. Não terá praticidade se não for de iniciativa e vontade dele.

LIMITAÇÕES À INTERVENÇÃO CATÁRTICA

1.   O cliente, após processar e atenuar suas emoções, pode

vir a se conformar e a aceitar as circunstâncias que causaram o problema: ajustar-se à situação, resignar-se.

2. Às vezes pode ocorrer uma segunda cilada, quando as emoções perturbadoras compreendem não uma experiência subjetiva e pessoal, mas se dão nas relações interpessoais ou intergrupais. O cliente habituado a entrar em catarse em público pode se expor em demasia com esse mau costume: levantar reações hostis dos circunstantes do tipo: "você está sendo infantil", especialmente daqueles que "não queiram ceder" ao que se pretende fazer ou manter nas relações de trabalho, nas rotinas e procedimentos, nos processos de atuação da equipe.

Modelo Catártico

Catarse: processo psicológico de liberação de tensões emocionais – frustrações, raivas, ansiedades, angústias, a sensação vaga e difusa de que as coisas estão erradas.

* Bloqueiam a capacidade de percepção e a resolução de problemas;
* A tomada de consciência de si mesmo e da situação é essencial para que o cliente possa superar as barreiras em direção a um comportamento lógico e consciente;
* Construir com o cliente um clima de segurança pessoal para que se sinta à vontade para expressar seus sentimentos, sem medo de julgamento, rejeições ou recriminações;
* "Limpar a cuca", " botar o lixo pra fora";
* Apoio solidário e empático;

Modelo Catártico

* O Cliente vivencia aumento de autoaceitação;
* Desfruta maior espontaneidade e franqueza (especialmente para si);
* Desenvolve capacidade de conversar consigo mesmo de forma mais objetiva;
* Desenvolve sua habilidade em vivenciar emoções baseadas na realidade, que sejam adequadas às circunstâncias;
* Aumenta sua capacidade de resolver problemas através de formulações mais objetivas.

Modelo Catártico

Pontos Focais

EXEMPLOS:

- PODER / AUTORIDADE: atitudes emocionalmente carregadas em relação ao chefe;
- MORAL / COESÃO: sentimentos negativos de autoestima;
- NORMAS / PADRÕES: rejeição a funcionário que viola padrões estabelecidos – "caxias" ou "embromador";
- METAS / OBJETIVOS: uma pessoa "fracassa" sistematicamente porque talvez estabeleça para si metas irrealistas.

II. ESTRATÉGIA DE INTERVENÇÃO CATALÍTICA

Catalítico tem analogia com o processo químico em que um agente precipitador é empregado para iniciar ou alterar o "teor" de uma reação em cadeia. É o que se denomina de catálise.

O Consultor é o agente que atua junto ao Cliente para ajudá-lo a resolver seus próprios problemas, através da autodiagnose e da autointervenção. O Consultor precipita reflexões no cliente, que o auxiliam a identificar e solucionar suas dificuldades.

É objetivo do Consultor sensibilizar o cliente para suas próprias percepções. Os problemas serão resolvidos à medida que o Cliente indicar e assumir as soluções que irá adotar. Ajuda o cliente a explorar dados e fatos não conscientizados e a livrar-se de seus efeitos negativos. Faz com que o cliente participe da solução dos próprios problemas e percepções.

O Consultor não se envolve nas soluções preconizadas pelo cliente. Quando muito, lhe repassa técnicas de diagnose e de resolução de problemas, que o ajudem a operacionalizar suas soluções e implementação de ações.

O Consultor desenvolve uma atmosfera de aprendizagem em que o Cliente seja capaz de gerar soluções autônomas. Formula perguntas "inocentes" que o ajudam a conscientizar-se de sua problemática. Não tece interpretações "secretas" ou "ardilosas" em cima dos posicionamentos do Cliente. Não faz colocações "espertas", com significados ocultos; não promove análises escamoteadas e dissimuladas. Ajuda o cliente a se tornar capaz de realizar suas próprias análises, percepções e respostas. É um facilitador das reflexões e da tomada de decisão para a ação do cliente.

O pressuposto básico do Consultor Catalítico é que a maioria dos problemas do Cliente reside na incorreta percepção de sua situação e das variáveis que a influenciam. É preciso que o Cliente participe das percepções e da solução dos próprios problemas, a partir dos respectivos diagnósticos. O Consultor se concentra nos fatos observados que possam ser prontamente reconhecidos e aceitos pelo Cliente. Evita sempre fazer sugestões ou dar dicas, que talvez o Cliente aceitasse apenas por confiar em sua habilidade e competência consultoriais. É preciso fazer racionalmente o Cliente ver o que é visível, mas ainda não visto por ele.

• Avanços Graduais

Faça ajustamentos ou acomodações graduais de curto prazo na percepção do cliente. Suavize o impacto da mudança de percepção de uma situação para a outra. Dê dois passos à frente, mas não hesite em recuar um, aceitando as ponderações e os questionamentos do cliente, para logo seguir avançando mais dois passos, mesmo que tenha que novamente efetivar um recuo tático na estratégia de intervenção que realiza. Avanços graduais possibilitam espaço para *feedback*, reduzindo as resistências e o sentimento de impotência diante das novas percepções.

PASSOS BÁSICOS:

Ao adotar a abordagem reflexiva ou por catálise, o Consultor, em linhas gerais, deve se orientar pela estratégia de interação com o cliente, através dos seguintes passos básicos:

Passo 1. Comece a entrevista amigavelmente, de maneira informal. Construa uma atmosfera tranquila, espontânea e não censurada. Seja cordial e afável.

Passo 2. Peça ao cliente para descrever o problema. Aceite suas colocações, sabendo que é dentro deste quadro de referências que trabalhará. Aceite o *status quo* como a realidade do cliente.

Passo 3. Ouça o cliente com empatia, concentre-se em suas opiniões e sentimentos. Procure extrair dele o máximo de informações e percepções. Faça perguntas do tipo: "Como vão as coisas?", "Tudo bem?" ou "Como você tem passado?".

Passo 4. Apoie positivamente o cliente pelos esforços que empreende para definir o problema. Estimule-o a falar e a refletir sobre sua realidade.

Passo 5. Fale algo parecido: "vá pensando alto, não se preocupe com a objetividade ou a coerência de suas ideias e do seu relato/narrativa".

- Faça comentários que possam ilustrar alguns aspectos que passem despercebidos ao Cliente para definir o problema.

Passo 6. Uma vez de posse do quadro geral da situação, ofereça e extraia, tentativamente, alternativas ou cenários para a solução do problema.

Passo 7. Limite-se ao que você julgar prontamente aceitável pelo Cliente.

Passo 8. Estimule o Cliente a tomar suas próprias decisões; no máximo, apenas as insinue. Não as tome por ele. Não diga o que fazer. Contenha-se para não assumir as decisões que só ao Cliente compete tomar.

Frequentemente, um Cliente se confunde ou por não ser capaz de ver a situação como ela é, ou por não a ver claramente para empreender as ações necessárias. Apesar de emoções poderem estar envolvidas, a causa real é a falta de dados – ou não disponíveis, ou não comunicados – ou métodos falhos de discussão.

As intervenções catalíticas ajudam o Cliente a ampliar a sua visão da situação por meio da obtenção de informações adicionais ou pela verificação e constatação dos dados existentes.

O Consultor é o agente catalisador, precipitador das reflexões do Cliente. A Intervenção Catalítica se dá com a intenção de aumentar a velocidade em que o processo de percepção do Cliente ocorre.

O *status quo* é aceito como dado. O seu objeto é dar assistência àqueles dentro do *status quo* para que o Cliente faça o que está fazendo de maneira melhor, aperfeiçoada.

Lidar com os pontos que o Cliente sente que são os mais prementes significa "entrar no quadro de referências do Cliente". Tal conexão desperta naturalmente o interesse do cliente em ser ajudado.

Sugestões do Consultor podem ajudar o Cliente a reunir informações que joguem nova luz à situação descrita ou percebida como problema.

Passo 9. Frequentemente, o Cliente não é hábil na coleta e análise das informações pertinentes. Auxilie-o, quando for o caso.

Usando as "necessidades sentidas" do Cliente para dirigir suas próprias intervenções, é provável que o Consultor ofereça à reflexão sugestões que estejam apenas um pouco mais do que um passo à frente do que o Cliente está preparado para fazer por iniciativa própria.

Um Consultor Catalítico pode compreender, por exemplo, a situação da equipe-cliente mais completamente do que seus membros. Assim, trabalha indiretamente para preencher os vazios e as contradições nas suas percepções. Por contraste, um Consultor por Confrontação afirmaria as discrepâncias percebidas entre as suas compreensões e as do Cliente, questionando-as.

PRESSUPOSTOS BÁSICOS DA INTERVENÇÃO CATALÍTICA:

1. Deficiências nas percepções são a causa do mau desempenho. A "solução" é clarificar as percepções do problema através da melhora no fluxo de informações.
2. As barreiras ou obstáculos à melhoria do fluxo de infor-

mações incluem procedimentos e processos inadequados usados pelo cliente.
3. O isolamento mútuo de integrantes dentro do Sistema-Cliente impede que eles se aproximem e compartilhem percepções e experiências.

A CONSULTORIA CATALÍTICA INCLUI:

a. Trabalhar dentro do *status quo*, aceitando como dados as necessidades sentidas.
b. Servir como ponto de encontro ou de convergência entre os membros integrantes do Sistema-Cliente.
c. Oferecer sugestões com vistas à busca das convergências ou de pontos de encontro dentro das divergências.

LIMITAÇÕES À INTERVENÇÃO CATALÍTICA

1. A fraqueza principal da Intervenção Catalítica é que é mais provável que a deficiência de informação seja mais sintoma do que a causa do problema. Por que a informação não está disponível? Eis aí uma questão crítica, usualmente vivenciada no processo de Intervenção Catalítica.
2. Há o risco de o Consultor Catalítico derrapar em direção à Intervenção Prescritiva ou por Confrontação. O Consultor Prescritivo se excita e acaba por levar ao Cliente o "o que" e o "como fazer". Já o Consultor Confrontação questiona e contradiz as reflexões e observações feitas pelo cliente. E, em ambas as situações, o Consultor se equivoca, distorcendo a qualidade da Intervenção Catalítica que, no caso específico, deveria presidir a sua ação consultorial em direção ao fortalecimento de percepções e de autodiagnose do cliente.

Modelo Catalítico

Catálise: processo químico em que um agente precipitador é empregado para iniciar ou alterar o "teor" de uma reação em cadeia.

- Precipita reflexões no cliente que o auxiliam a identificar e solucionar suas dificuldades;
- Torna o cliente sensível às próprias percepções e capaz de indicar e assumir soluções;
- Ajuda o cliente a explorar dados e fatos nãos conscientizados e a livrar-se de seus efeitos negativos;
- Faz com que o cliente participe da solução dos próprios problemas e percepções, a partir do próprio diagnóstico e da autointervenção

III. ESTRATÉGIA DE INTERVENÇÃO POR CONFRONTAÇÃO:

O Consultor percebe que o Cliente está racionalizando comportamentos através da contradição entre:

- Valores Proclamados x Valores Reais;
- Dizer x Fazer;
- Intenção x Gesto;
- Teoria Esposada x Teoria de Uso;

- Teoria x Prática;
- Palavra x Gesto;
- Intenção x Ação.

Tomando a contradição como se fosse a sua realidade, o Consultor deve então adotar a abordagem de Intervenção por Confrontação.

O Consultor procura produzir no cliente a tomada de consciência da defasagem, ou do *gap*, ou da distância, ou da brecha existente entre palavra x gesto, entre o que diz e o que faz, ou seja, o que de fato faz independentemente do que diz ou pensa que faz.

Valores, pressupostos, premissas e preconceitos, sejam que de natureza forem, também influenciam o comportamento do indivíduo no trabalho. Especialmente quando não estão conscientizados ou estão encobertos.

O Consultor procura evidenciar para o cliente a distância entre o "Pensar x Agir".

A tomada de consciência da defasagem é o principal estimulador do processo de mudança. A confrontação contribui para que o Cliente seja capaz de explorar as consequências de suas ações baseadas em valores encobertos, não conscientizados, não vistos e, portanto, não percebidos.

O Consultor questiona os porquês do Cliente, de seus comportamentos e atitudes. Evita, no entanto, assumir uma atitude prescritiva em relação aos problemas suscitados pelo cliente. Não diz ao cliente o que fazer. Questiona os porquês, explicita as suas contradições.

É preciso romper o círculo vicioso em que o Cliente se encontra, de inconsciência entre o que diz e o que realmente faz.

É preciso conscientização, diagnóstico e prognóstico entre o que se é e o que se deseja ser a partir da tomada de consciência da defasagem. Existe também a apreensão e a adesão à nova idealidade, o esforço deliberado em compatibilizá-la à nova realidade, isto é, conduzir ou transformar o que se é no que se deseja ser.

É preciso mobilizar o cliente em direção às alternativas e à releitura da situação, que seja capaz de ver o que não lhe parece visível.

O Consultor não faz recomendações, mas questiona os valores proclamados pelo cliente em contraponto ao que ele faz ou diz que faz.

Em alguns casos, a Intervenção por Confrontação pode gerar no cliente uma atitude ganha/perde em relação ao Consultor. Essa atitude tende a agravar-se se o Cliente sentir reduzida sua capacidade de "controlar a situação". Ele pode resistir aos questionamentos, inclusive por meio de omissões, "fechando-se em copas", indignando-se e até recusando-se a discutir o tema.

PASSOS BÁSICOS:

A preservação de uma estratégia consistente de intervenção é decisiva na ação do Consultor. Os seguintes passos básicos devem ser obedecidos visando extrair da Intervenção Por Confrontação os seus melhores resultados:

Passo 1. Enquanto o cliente estiver descrevendo o problema, não aceite nada de "barato";

- Vá aos fatos: "sua explicação está subjetiva por isso ou por aquilo";
- "Sabe, eu não alcancei seu raciocínio. Pode exemplificar?"
- "Se bem entendo, a coisa se deu assim, assim...".

Passo 2. Faça questionamentos de forma franca, direta e amigável:

- "É isso – repetir o pensamento – o que está pensando sobre o assunto?";
- "O que é mesmo que você quer dizer com isso (repetir o fato)?";
- "Você sente realmente isso (repetir o sentimento manifesto)?".

Passo 3. Faça perguntas que obriguem o Cliente a explicar os "porquês" de seu comportamento.

Passo 4. Contraste a franqueza que o Cliente alega que tem com os outros com a falta de abertura e autenticidade que ele possa estar tendo com você.

Passo 5. Explicite a contradição entre o que o cliente diz e faz, vocaliza e pratica.

Passo 6. Mantenha-se em atitude crítica objetivamente: apresente fatos, empregue contra-argumentos, use lógica, explicite evidências.

Passo 7. Se você discorda do cliente, diga-lhe o que pensa, mas com absoluta clareza, franca e objetivamente. Evite "interpretações". Fatos e evidências em lugar de opiniões ou impressões. Não use "achismo" com o cliente.

Lembre-se: seu objetivo é clarificar valores não assumidos que tenham forte contribuição na estrutura de comportamento do cliente. Não diminua a sua autoestima. Respeite a sua dignidade. Faça-o respeitar-se. Não saia da relação ganha/ganha.

Clarifique a situação em que o cliente diz que respeita os direitos dos colaboradores, mas desrespeita esses direitos, usando a sua posição para os impedir de torná-los realidade:

- "Você diz que é democrático, mas privilegia uns em detrimento de outros, concedendo-lhe aumentos";
- "Concede benesses a uns e não a outros";
- "Trata desigualmente os iguais".

Passo 8. Ao perceber que o cliente está sentindo-se desafiado ou diminuído em sua autoestima ou já entrando no ganha/perde, faça novas perguntas que o obriguem a explicar os "porquês" de seu comportamento. Não deixe "fechar-se em copas". Se ele se fechar, explore porque ele se fechou. Faça-o enfrentar a situação por meio de reflexão e análise.

- Para ajudar o Cliente e testar sua própria objetividade, mantenha uma atitude crítica. Apresente fatos e contra-argumente, use a lógica de argumentação;
- "Eu não posso confirmar ou discordar de sua percepção. Talvez você possa checá-la perguntando a seus colegas e amigos. Por que você não faz isso?"

Passo 9. Evite "interpretações", ou seja, análises inteiramente subjetivas baseadas em interpretações psicológicas apenas sustentadas pelo senso comum.

Passo 10. Destaque e questione o sistema de valores do cliente em relação ao que diz e faz, entre a palavra e o gesto, a intenção e a ação.

Passo 11. Ajude o cliente no exame de valores e de cenários alternativos.

Passo 12. Ofereça ao cliente alternativas que talvez o cliente ainda não tivesse se dado conta de que possam existir.

LIMITAÇÕES À INTERVENÇÃO POR CONFRONTAÇÃO

1. Uma limitação da Intervenção por Confrontação é que o Cliente pode se recusar a sair de sua "caixa de pandora" para não se expor. As pessoas tendem a preferir manter-se em suas zonas de conforto, presas às referências de sempre.

2. Os questionamentos do Consultor podem ser percebidos como criticismo – e não crítica – e, portanto, gerarem argumentos e posições ganha/perde. Evite sempre o criticismo, que é uma crítica azeda, ácida, normalmente sustentada apenas em impressões e opiniões sem evidências práticas e factuais. Normalmente, não são úteis ao cliente por não serem operacionalizáveis.

3. O Consultor deve evitar desenvolver relações sociais com o cliente, do tipo extratrabalho: chopinho, visitar a residência. Esta regra é para assegurar que a capacidade do Consultor dar e receber *feedback* não está comprometida, reduzindo a potência da Intervenção por Confrontação. A intimidade interpessoal entre os dois desprofissionaliza a relação.

4. A discrepância de equipe integrada por pessoas com valores distintos como idade, cultura, origem, sexo, raça, nacionalidade, naturalidade, local onde nasceu, clube de futebol, posição política é uma questão fortemente contributiva para impactar as relações intraequipes e interpessoais.

O preconceito é a pior coisa que pode acontecer a uma pessoa, porque pode fazê-la se tornar aquilo que o preconceito diz que ela é. A dignidade humana é uma questão de permissão social. Nem sempre o Consultor está atento a tais circunstâncias.

5. O Cliente que se dedica à concentração nas intenções ou nos desejos pavimenta rapidamente uma larga avenida para o fracasso. Não creio que em gestão sejam as intenções a dimensão mais decisiva da ação gerencial. A ética da gestão não é a ética da intenção, mas sim a ética da responsabilidade, da busca permanente e obsessiva por resultados.

Nunca é demais aplicar o sofisma da autoridade quando se recorre a "Os Lusíadas", de Luis de Camões: "Não se aprende, senhor, na fantasia sonhando, imaginando ou estudando senão vendo, tratando e pelejando".

Formulação e execução de planos e atividades nunca devem estar dissociadas. Para formular é preciso saber os fins. Para executar é preciso justapor os meios. Intenção sem ação é devaneio. A ação sem visualização costuma trilhar caminhos não desejados e a levar ao erro de destino.

Os caminhos surgem e se constroem a partir do objetivo definido. Conforme nos diz o poeta: "caminhante não há caminho. O caminho se faz à medida que se caminha". É o líder em interação com seus liderados que faz o caminho. Enquanto caminhar sozinho, será mais difícil chegar ao destino. Caminhar em equipe expressa a conscientização da necessidade gregária fundamental do ser humano de jamais se resignar em ser só, agir só, viver isolado e solitário como um eremita rabugento.

Somente em grupo, em permanente processo de socialização, o ser humano (líder e liderado) se sente seguro e apoiado, forte e animado, estimulado e criativo. Lembremos Miguel de Cervantes: "Quando sonhamos sozinhos é apenas um sonho. Quando sonhamos juntos o sonho se transforma em realidade". O Cliente precisa compreender, e essa compreensão muitas vezes decorre de dolorosa vivência pessoal, que a autenticidade e a pureza das intenções podem inadvertidamente fazer muito mal à equipe, ao trabalho, às pessoas, ao próprio líder.

Pode-se fazer muito mal tendo-se a intenção de fazer o bem. Não basta se satisfazer com a intenção, o Cliente precisa tornar-se consciente do impacto que as suas intenções, transformadas em ação, causam à realidade. Diz o ditado: "o inferno está cheio de bem-intencionados".

A intenção e o bom senso, são as riquezas mais bem repartidas deste mundo de desigualdades. Cada um de nós precisa ser tão bem provido deles que, mesmo aqueles eternos insatisfeitos que querem sempre mais, não costumam desejar nada além do que já tem. Não é crível que todos se enganem. Ao contrário, tal constatação comprova que a capacidade de bem julgar e de distinguir o verdadeiro do falso, que é propriamente o que se chama o bom senso ou a razão, é naturalmente igual em todos os seres humanos.

Portanto, é óbvio, não basta ter boa intenção e bom senso, é preciso aplicá-los bem.

6. Muitos valores que amarram as atitudes humanas estão profundamente enraizados, transformando-se em "truísmo".

Uma pessoa de 50 anos, por exemplo, tem passado toda a sua vida desenvolvendo padrões de pensamentos e formas de interagir que a caracterizam. Esses padrões tendem a tornar-se tão estratificados e arraigados ao indivíduo que podem ser chamados de sua "segunda natureza". A forma de agir e interagir aparece naturalmente, sem um momento de reflexão. A sua repetição e seu uso constante fazem com que se incorporem ao sangue, aos músculos e aos ossos do indivíduo. Passam a fazer parte dele mesmo, como o ar que respira. É claro que daí se originam racionalizações, justificações, projeções e toda uma gama de mecanismos psicológicos que fazem com que o indivíduo não perceba a realidade que o envolve em seus mais diferentes matizes. Preconceitos e estereótipos influenciam a forma como as pessoas "veem", tendo, portanto, o caráter de valores enraizados. Se eles são confrontados, o cliente normalmente tende a adotar uma postura defensiva, incapaz de reconhecer que algumas de suas peculiaridades possam ser insustentáveis ou que sequer estejam influindo em suas atitudes e comportamentos.

Assim, o Consultor tem por objetivo colocar em evidência a contradição entre os valores expressos e aqueles que, embora não reconhecidos pelo Cliente, dirigem o seu comportamento. O Consultor sonda as razões e os motivos, apresenta fatos e contra-argumentos, questiona à medida que o cliente descreve a situação, de tal forma que este se veja "forçado" a reconhecer e a conscientizar-se de que seu próprio comportamento e os valores que o embasam têm influência decisiva na formulação de seus problemas.

Nesta estratégia de intervenção, o Consultor busca os "porquês" dos comportamentos e atitudes do cliente e, a partir daí, explicita as inconsistências e incoerências das tentativas de explicação. Evita, no entanto, assumir uma atitude prescritiva quando apresenta suas posições e pontos de vista.

O Consultor deve demonstrar um interesse legítimo, com

atitudes honestas e francas, para ajudar o Cliente a sair do círculo vicioso em que se encontra. Levá-lo a refletir sobre suas "explicações", mas de forma que não se sinta atacado ou diminuído em sua autoestima ou dignidade pessoal. É importante que não queira fazer recomendações; sua intervenção deve mobilizar o Cliente em direção à busca por alternativas que possam não estar sendo consideradas.

A maior responsabilidade do Consultor é destruir as barreiras que bloqueiam a capacidade de percepção do Cliente, introduzindo novos dados para a solução independente e autônoma do problema.

Busca descartar fachadas e clichês comportamentais, apesar de, muitas vezes, o processo de autoexame exigir mudanças radicais nas formas correntes de pensar e agir.

Face à provável atitude defensiva e de autoproteção do Cliente, a confrontação é uma forma de intervenção bastante difícil, especialmente quando o Consultor inadvertidamente aceita o jogo do cliente, entrando também no ganha/perde.

Os mecanismos de "defesa do eu" descritos na literatura psicanalítica são melhor entendidos como estratégias para proteger valores enraizados, muitas vezes inconscientes – racionalização, projeção, repressão, negação, reação, transferências, justificativas.

As Intervenções por Confrontação são as mais eficientes na redução dos "mecanismos de defesa do eu". Uma intervenção bem feita explicita claramente ao Cliente a contradição entre o que ele diz e faz, entre a palavra e o gesto, entre o discurso e a ação.

Buscar o "Porquê dos Porquês" é a forma mais direta e objetiva de conscientizar o cliente de seus comportamentos e atitudes.

• Espere o Inesperado

A fecundidade do inesperado é capaz de surpreender as previsões do mais arguto analista. Não basta ao Consultor apenas desenvolver em conjunto com o seu Cliente a maior quantidade possível de cenários capazes de antecipar a chegada do imprevisto, criando as alternativas para superá-lo. É preciso, acima de tudo, uma nova atitude, uma abertura psicológica e uma prontidão à mudança para aceitar o novo como inevitável e trabalhar com ele como sendo parte do cotidiano gerencial.

Uma atitude mental centrada apenas no racionalismo dificulta a capacidade do indivíduo enfrentar o inesperado. É preciso emoção, uma disposição psicológica para obter satisfação da ambiguidade, de buscar na incerteza a certeza, no incerto o certo. A única certeza é a mudança, pois mesmo o que funciona bem já é obsoleto. Sempre haverá formas melhores de fazer o que já é bem feito.

Essa postura pessoal é sobremaneira relevante, quando se constata que todo o processo de socialização a que somos submetidos (desde a mais tenra idade, na família, na escola, na igreja, no clube, na faculdade) é conducente à formação de posturas voltadas para a permanência das coisas e para a certeza das relações, e, quando muito, para apenas aceitar a mudança gradual e evolucionária.

Temos uma "incapacidade treinada" para conviver com o novo, mais ainda com o inesperado, pois fomos formados, reformados – e, por que não dizer, deformados – para um cotidiano pressupostamente estável, de mudanças apenas incrementais.

É preciso que o Cliente, em primeiro lugar, aceite que antes de exigir a mudança dos outros, dos membros de sua equipe, ele próprio deve processar a mudança de suas atitudes. A verdadeira e definitiva mudança é a automudança, assim como o grande encontro da vida é o autoencontro. É o encontro do indivíduo consigo mesmo.

Se o Cliente não estiver disposto à automudança, isto é, a conscientizar-se das reais concepções que dirigem o seu comportamento, e não proceder a um autodiagnóstico comportamental, tornando-se mais objetivo e consequente em suas ações, como ele poderá exigir a mudança dos outros? Como poderá dirigir-se aos membros de sua equipe para construir uma interação democrática, de busca de consenso, de participação e de contribuição? Como fecundará uma cultura de realização individual e coletiva em sua equipe de trabalho?

Como educador, responsável direto pelo desenvolvimento de seus liderados, o Cliente enquanto gerente precisa intervir para que aprendam a analisar, a compreender melhor a dinâmica das mudanças e a enfrentar o inesperado. Encorajá-los a aceitar a ambiguidade e a conviver com a incerteza. Desenvolver neles uma competência psicológica treinada para esperar o inesperado como parte inerente à dinâmica da vida nas organizações.

Dedique maior atenção ao processo sinérgico de aprendizagem em equipe, mais do que aquilo que a equipe sabe individual ou coletivamente. A equipe deve construir-se em uma comunidade de aprendizagem, em que o conhecimento compartilhado é o diferencial competitivo.

Perceba nas disfunções, nas rupturas ou nas descontinuidades de hoje as possibilidades do amanhã. Lembre-se: **o extravagante de ontem é o senso comum de hoje, e certamente, será a obsolescência de amanhã.** Substitua a reflexão excludente de uma alternativa pela apreensão holística da realidade – pense e reflita sempre como o "e" de inclusão, de uma alternativa "e" outra.

Reconheça que há atividades, tarefas e hábitos que precisam ser superados, deixados de ser praticados. Dar mais vida ao que não mais atende aos requisitos de hoje ou de amanhã, por mais significativo e importante que tenha sido no passado, pois somente desvia esforços do que realmente gera resultados, institucionalizando o erro.

Faça todas as experimentações que julgar pertinentes, tente todas as alternativas na busca permanente pela melhoria, mas não deixe de preservar os princípios básicos e a identidade individual e grupal de sua equipe. Estas são inegociáveis. Assuma a responsabilidade de construir o futuro, definindo e implementando uma estratégia de intervenção planejada de mudanças. Como disse Geraldo Vandré, em "Pra não Dizer que não Falei das Flores": "esperar não é saber, quem sabe faz a hora não espera acontecer".

Pare de viver a síndrome do herói-sofredor, sentindo-se penalizado por si próprio, como se todas as artimanhas da vida estivessem sempre se articulando para dificultar-lhe a existência e complicar o que poderia ter sido fácil.

Dependa menos do gesto ou da palavra e concentre-se na ação, que garante os resultados. Abandone a focalização romântica das intenções, e concentre-se nas ações objetivas.

Busque sempre as parcerias, deixe de agir como se somente uma pessoa ou mesmo um grupo pudesse realmente resolver as questões importantes apenas por ações isoladas. Esteja sempre fazendo a costura, a interseção entre as atividades e as pessoas.

Enfim, desenvolva um clima de trabalho em que as surpresas da vida não mais o surpreendam. O inesperado passa a ser integrado à rotina do cotidiano.

- O que é lógico não é psicológico

O simples fato de que uma diretriz seja, em termos objetivos, justa ou lógica não garante que todos a vejam da mesma forma. As pessoas não reagem a um mundo objetivo, mas ao mundo das suas percepções. **O que é lógico não é necessariamente psicológico.**

O erro é presumir que os valores, preferências e percepções da gerência, e a lógica que suporta o seu comportamento, são compartilhados por aqueles que implementam políticas e diretrizes. Frequentemente não são. As concepções gerenciais constituem uma espécie de teoria do comportamento humano nas organizações (muitas vezes não-conscientizada) sobre a natureza do ser humano na situação de trabalho e as estratégias adequadas para lidar com ela.

Algumas características da sociedade em que vivemos, e a dinâmica das organizações como parte delas, encontram-se de tal modo estabelecidas, arraigadas em nós, são tão penetrantes, que não conseguimos imaginar que possam ser diferentes. Como o ar que se respira, passam a fazer parte da nossa natureza, da própria vida. Assim, se uma organização aspira realizar uma mudança fundamental, ela deve mudar os fundamentos sobre os quais se apoia. Por exemplo: se deseja sobreviver, deve estar disposta a ver muitas de suas unidades morrerem. Renovar-se não é uma operação simples, automática. É um processo que passa por autocríticas dolorosas, muitas vezes constrangedoras.

Aqueles empenhados em transformar as relações existentes e o quadro de circunstâncias que determinou a necessidade da mudança precisam criticar-se reciprocamente, reeducarem-se uns com os outros.

O sucesso da transformação depende da abertura, da transparência e da franqueza assegurada uns com os outros. A verdadeira mudança passa a depender cada vez mais do pluralismo e da diversidade. O hábito de pensar de um lado só deforma a percepção, turva o raciocínio, desvia o foco, contamina a emoção, gera hemiplegia intelectual.

A mudança, por definição, requer esforço. Este, por sua vez, exige uma direção e um sentido, uma ideia, uma convicção. É a convicção de que pode haver mudança para melhor, de que podem as condições atuais serem modificadas, a verdadeira essência do processo de mudança. É a convicção da esperança que nega a desesperança. É a propagação de uma ideia, com direção e sentido, que sugestiona, entusiasma, estimula e mobiliza. Produz a transformação.

A vida é contraditória. E no emaranhado da vida não se encontra solução lógica, eminentemente racional, para as questões organizacionais. Elas sempre estão "contaminadas" pela condição humana, suas histórias e peculiaridades próprias de cada um e de todas as pessoas que dela participam. O líder deve, mesmo assim, buscar como objetivo da ação gerencial dotá-la da maior racionalidade possível.

De modo geral, quanto menor a alienação dos seus membros, mais competente e sinergética será a equipe. Os participantes cônscios de seu papel e comprometidos com o que fazem trabalham mais e melhor. As organizações que atuam com base no trabalho em equipe facilitam a concomitância da ampliação da racionalidade decisória, da redução dos níveis disfuncionais de emoção e de comunicação interpessoal, da autorrealização e da satisfação humana.

- De bem-intencionados o inferno está cheio

Boas intenções não têm valor por si mesmas. É preciso que o Cliente seja capaz de perceber e diagnosticar o seu desempenho como ele é, e não como deveria ou poderia ser, ou mesmo como ele próprio gostaria que fosse.

Boas intenções ou o que o Cliente deseja ou pretende fazer algum dia não valem. Nem sempre o Consultor consegue ilustrar a diferença entre o comportamento desejado e o desempenho real. Se determinada situação não existe no momento, embora seja desejável para o futuro, ela não pode ser considerada objetivamente. Avalie o desempenho do cliente como ele é agora, no período considerado, e não como talvez deseje que ele seja amanhã ou daqui a alguns meses.

Modelo por Confrontação

- Falta de consciência da defasagem entre Valores Proclamados X Valores Reais;
    - Teoria Esposada X Teoria de Uso
- Valores e pressupostos não conscientizados levam o cliente a distorcer percepções, justificar atitudes e comportamentos. Empreender ações ineficazes;
- A importância da consciência da defasagem;
- Colocar em evidência a contradição entre os valores expressos e aqueles não reconhecidos pelo cliente, mas que dirigem seu comportamento;
- Risco do ganha/perde entre consultor e cliente.
    - "Fechar-se em copas", ficar indignado e se recusar a discutir o tema.

IV. ESTRATÉGIA DE INTERVENÇÃO PRESCRITIVA

PROBLEMA:
OBTENÇÃO DE RESPOSTAS E SOLUÇÕES

INDICADO:
QUANDO O CLIENTE "JOGOU A TOALHA" OU ESTÁ TÃO DERRUBADO QUE É INCAPAZ DE SE MOVER POR INICIATIVA PRÓPRIA

Esta estratégia de intervenção é, sem dúvida, a mais tradicional dentre as usadas em Consultoria de Organização. Baseia-se no princípio da autoridade/obediência ou na relação clássica professor/aluno. É a estratégia do *teacher-tell*, em que o Consultor diz ao Cliente o que fazer: o Cliente contrata o Consultor, um especialista para exaurir o problema, diagnosticar seus males e recomendar-lhe a terapia adequada. O que e como fazer é a razão da sua relação com o Cliente.

O Consultor não só identifica e diagnostica o problema como prepara a ação necessária para o cliente resolvê-lo.

O Consultor descreve ao cliente o que tem, o que precisa fazer, com especificações detalhadas. Enfim, prescreve o tratamento que irá fazer o cliente restabelecer-se.

Muitas vezes, o problema não é nem valorativo, nem de uma incorreta percepção da realidade. É da absoluta incapacidade do Cliente agir por conta própria, ou por incapacidade técnica ou por falta de vontade, prostração, desistência ou perda de entusiasmo.

A Intervenção Prescritiva é especialmente relevante quando o Cliente tiver atingido um tal nível de impasse que se sinta incapaz de exercer qualquer ação por iniciativa própria. O Consultor atua na certeza de que o Cliente, ao solicitar a ajuda, o faz porque não é capaz de agir independente e autonomamente, por estar em situação de crise, ou porque não deseja, por qualquer motivo, fazê-lo.

- Vencer a Resistência

É preciso que o Consultor seja suficientemente sensível e capaz de agir no sentido de fazer o Cliente aceitar a mudança em vez de a utilizar como combustível para reforço de seus maus comportamentos, hábitos inadequados e desempenho insatisfatório.

- Explique e interprete

Jamais pressuponha que o cliente compreende o porquê e como se processará a mudança. Explique em detalhes, mesmo o que lhe possa parecer exageradamente óbvio. Por que a mudança é necessária e o que ela significa para organização e para o Cliente? Enfatize os seus benefícios e descreva com objetividade e clareza os seus riscos e desconfortos. Não perca de vista que o seu objetivo é obter a aprovação e ganhar a adesão do Cliente à mudança pretendida, ajudá-lo a compreender e prepará-lo para o que está acontecendo.

A Intervenção Prescritiva pode ser aplicada tanto para a solução de um problema técnico-operacional quanto em uma dificuldade de interação comportamental.

LIMITAÇÕES À INTERVENÇÃO PRESCRITIVA

Se o Consultor fornece ao Cliente uma solução pronta e acabada, o Cliente não aprende a resolver o mesmo tipo de problema no futuro. Não aprende a aprender. Desenvolve uma relação de dependência com o Consultor.

Como é fácil supor, o *feedback* prescritivo pode gerar disfunções provenientes de sua própria concepção de aprendizagem. Mas, é claro, pode também propiciar a solução de problemas, quando adequada e oportunamente aplicado.

Ademais, o Cliente pode apresentar-se relutante em revelar as informações de que o Consultor necessita para realizar o diagnóstico.

A ocorrência de distorções é facilmente previsível, podendo intensificar-se de acordo com o clima psicológico reinante na organização ou na sua própria equipe de trabalho.

Assim, embora a Estratégia de Intervenção Prescritiva possa resolver o problema, ela presumivelmente expõe as inadequações do Cliente, sem ajudá-lo a adquirir autoconfiança e determinação para enfrentar situações semelhantes no futuro.

PASSOS BÁSICOS

Pela cultura inerentemente autoritária da maioria das organizações, essa é a estratégia de intervenção geralmente mais utilizada nas entrevistas de avaliação de desempenho, nas relações gerente e colaboradores e, portanto, também nas interações Consultor/Cliente.

O Consultor deve conter-se e só a utilizar quando for de fato útil e necessária. Para minimizar disfunções e capitalizar pontos positivos, o Consultor deve adotar a seguinte estratégia geral de ação, por meio dos passos básicos indicados:

Passo 1. Faça perguntas diretas ao Cliente que lhe facilitem a apreensão do problema. Mantenha uma atitude profissional.

Passo 2. Entre no âmago do assunto. Não receie melindres ou áreas proibidas. Busque o máximo de informações.

Passo 3. Controle a discussão. Diga-lhe como percebe o problema e as variáveis que o compõem

Passo 4. Indique o que fazer. Discuta com ele. Ofereça-se para supervisionar a implementação.

Passo 5. Certifique-se de que o Cliente compartilha de suas convicções e da solução proposta. Desenvolva nele a confiança no que você propõe como solução.

Passo 6. Diga objetivamente ao Cliente "o que" e "como" fazer. O Consultor Prescritivo atua sob a premissa de que ele é suficientemente capaz de discernir entre as necessidades reais e as necessidades sentidas do Cliente.

Especifique a ação necessária para que o Cliente saia dos ciclos de comportamentos perturbadores ou autodestrutivos, disfuncionais. Defina ações a seguir: o que fazer e como fazer?

O objetivo do Consultor é fornecer ao Cliente a devida orientação e as convicções de que ele precisa para poder agir. Atue com base no pressuposto de que o Cliente recorre a você ou por não desejar fazer diretamente, ou por não ser capaz de se safar sozinho.

Ainda que o Consultor saiba o que é melhor para o Cliente, este pode não estar preparado para introduzir a mudança de atitude ou de comportamento ou de procedimentos recomendados. Isto pode ser devido ao cliente se sentir incapaz de implementar as ações ou porque se ele as implementar pode resultar em controvérsias com outros da organização que, diferentemente do Cliente, estão despreparados para aceitar as recomendações do Consultor.

As abordagens prescritivas podem ser adotadas em situação de insegurança, dúvidas e falta de confiança. Ou ainda em situações de crises e em casos que o cliente não sabe para onde "se virar", esteja desesperado por impotência no fazer ou por absoluta incapacidade técnica e operacional.

OUTRAS LIMITAÇÕES À INTERVENÇÃO PRESCRITIVA

Outra limitação da Intervenção Prescritiva é que ela pode redundar em ressentimentos do Cliente, já que o Consultor expôs as suas inadequações, ou por parte das pessoas envolvidas em ajudar a ter novos *insights* e autoconfiança. Neste caso, é pouco provável que o trabalho se prolongue, ganhe etapas posteriores, podendo até ser interrompido. Ademais, fracassando, o Consultor Prescritivo costuma ficar com a culpa pelos erros e resultados da má administração, cujos efeitos negativos podem ser deslocados e atribuídos a ele.

A frase "consultor é aquele que pede o seu relógio para lhe dizer as horas" é um lugar-comum que costuma emoldurar os epitáfios dos consultores demitidos por fracassos de consultorias. É verdade que, não só nos decorrentes de relações de intervenções prescritivas, mas em todas as demais. Desenlaces assim são comuns em quaisquer relações de consultorias, independentemente também das aplicações das distintas modalidades de intervenção.

Modelo Prescritivo

- O mais tradicional. Baseia-se no princípio da autoridade /obediência ou na relação clássica professor / aluno;
- O Consultor não só identifica os problemas e suas causas como prepara a ação necessária para o cliente os resolver;
- Como na relação médico /paciente, o Consultor descreve ao cliente o que tem, o que precisa fazer, com especificação detalhada;
- Costuma ser empregado tanto na solução técnico-operacional quanto numa dificuldade comportamental.

V. ESTRATÉGIA DE INTERVENÇÃO SISTÊMICA

PROBLEMA:

DESENVOLVIMENTO SUSTENTADO

INDICADO:

QUANDO O CLIENTE ESTÁ PRONTO PARA ASSIMILAR UMA ATITUDE DE MUDANÇA BASEADA NUMA ORIENTAÇÃO CIENTÍFICA DE RESOLUÇÃO DE PROBLEMAS

Modelo Sistêmico

O Consultor Sistêmico parte do pressuposto de que um referencial teórico (conceptual), baseado em teorias e princípios sobre as ciências do comportamento humano, pode auxiliar o Cliente a diagnosticar interna e externamente a própria situação de forma mais objetiva e operacional.

As teorias da ciência do comportamento humano nas organizações transcendem os limites estritos dos simples mapas cognitivos que ajudariam apenas o Cliente a se posicionar ante uma realidade. Mais do que isso, uma teoria é um conjunto específico de postulados explícitos quanto ao que ocorre ou ocorrerá no futuro, permitindo a efetivação de diagnósticos e previsões que possam ser testados em ação.

A validação experimental posterior de hipóteses, princípios ou axiomas estabelecidos pelo Cliente lhe garantirão confiança quanto às ações futuras.

Uma vez que o Cliente aprendeu as teorias, e sabe empregá-las em situações concretas, não mais precisará contar com sua própria intuição ou palpite, bom senso ou seu sistema conceptual subjetivo. Ele aprende a utilizar uma forma sistemática de análise e diagnose de situações, sabendo como usá-la adequadamente. Passa a ser mais objetivo e racional na sua ação. Aprende a usar a teoria para se "livrar sozinho". Aprende a aprender e a reaprender. Aprende a pensar a sua realidade.

Foca os aspectos mais relevantes dos problemas, superando as suas tendências pessoais. Aprende a não mais se concentrar sobre o que "o incomoda", para dirigir prioritariamente sua atenção sobre o que seja o ponto fundamental de sua problemática, devidamente identificado pela aplicação do ferramental diagnóstico propiciado pelos princípios e teorias de gestão científica do comportamento humano nas organizações. O cliente passa a ser ajudado a compreender e a mudar variáveis de causa e efeito atuantes em determinadas situações a partir da utilização adequada de instrumentação que o habilita a estar consciente do que faz, podendo predizer as consequências das mudanças a serem implementadas.

Quando se conta com as teorias validadas cientificamente, é possível agir com razoável expectativa de que as consequências antecipadamente previstas realmente ocorrerão.

As estratégias educacionais utilizadas pelo Consultor para auxiliar o cliente a aprender a teoria capaz de ser aplicada em situações que causam problemas são substancialmente diferentes dos métodos tradicionais das aulas "monoloquazes", na base da relação professor-aluno. O processo de aprendizagem é centrado no Cliente.

É evidente que essa abordagem requer todo um conjunto de recursos postos à disposição do processo de aprendizagem. Ademais, o *feedback* é bem mais profícuo quando a organização se vale de toda uma gama de políticas e diretrizes, normas e procedimentos de gestão de pessoas consistentes entre si, sendo a avaliação de desempenho mais um anel importante da corrente integrada de práticas de valorização do ser humano.

Modelo Sistêmico

Pontos Focais

O modelo sistêmico parece se adequar a todos os pontos focais, embora seja impraticável em níveis de intensidade muito alta ou baixa

- Um fanático ou deprimido não estão abertos à assimilação do modelo;
- Adequado a problemas de intensidade média.

PASSOS BÁSICOS

A Intervenção Sistêmica deve, em princípio, obedecer ao seguinte roteiro de ação, por meio dos passos básicos:

Passo 1. Apresenta-se à consideração do Cliente alguma **situação-problema** com a qual ele se defronta no cotidiano. Solicita-se que tente solucionar o problema hipotético a partir de sua inclinação e experiência pessoais, pois ainda não foi "contaminado" por quaisquer teorias explícitas da ciência do comportamento.

Passo 2. Submete-se o cliente às teorias do comportamento aplicáveis ao problema a ser equacionado.

Passo 3. O Cliente participa de simulações em que busca utilizar as teorias.

Passo 4. As críticas pós-simulação capacitam o cliente a testar o grau em que incorporou as teorias e foi capaz de utilizá-las. Essas críticas também o ajudam a identificar quaisquer pressupostos imprecisos que ele possa ter formado, ou a analisar as vantagens e limitações das próprias teorias, face à sua realidade vivencial.

Passo 5. Através da repetição de simulações semelhantes, o cliente tem a oportunidade de comparar sua inclinação pessoal com os postulados teóricos. É ajudado, assim, a assimilar melhor as formulações teóricas, incorporá-las ao seu pensamento e ação.

Passo 6. O Cliente é convidado a empregar as teorias aprendidas para reavaliar os mesmos problemas ou de mesma natureza.

Passo 7. Pratica a generalização para incorporar melhor o novo comportamento aprendido de forma educacional.

Uma nova área de intervenção em consultoria foi identificada quando os Consultores perceberam que poderiam ensinar teoria aos Clientes, os quais, por sua vez, poderiam usar as percepções sistemáticas para escapar dos seus próprios ciclos de autodestruição, disfuncionais ou de automalefícios.

Em outras palavras, o cliente pode ser ajudado a compreender e a mudar as variáveis de causa e efeito atuantes em sua situação através das intervenções baseadas em teorias e princípios, ou seja, a estratégia sistêmica.

Modelo Sistêmico

- Pressupõe um referencial técnico (conceptual) para auxiliar o Cliente a diagnosticar interna e externamente a própria situação;

- A validação experimental posterior de hipóteses, princípios ou axiomas estabelecidos pelo cliente lhes garantirá confiança quanto às suas ações futuras;

- Se o Cliente aprende teorias e sabe empregá-las em situações concretas, não mais precisará contar com sua própria intuição, palpites, bom senso ou subjetivismo;

- O Cliente se liberta da dependência cega ao senso comum, passa a ver o que é visível, mas não é visto. Focaliza as oportunidades e não os problemas.

LIMITAÇÕES À INTERVENÇÃO SISTÊMICA: espectro da teoria

O Consultor Sistêmico não deve ser confundido com as inter-

venções nas quais o Consultor usa a teoria somente para se auto-
-orientar durante a interação com o Cliente. Um Consultor pura-
mente prescritivo, por exemplo, nem revela nem ajuda o Cliente
a adquirir percepções sistemáticas nas quais ele, o Consultor, se
baseia para conduzir a estratégia de intervenção. Assim, usa a
teoria para si, não a transfere para o Cliente.

A Intervenção Sistêmica se orienta por uma base teórica para
ação. Teoria expressa em forma de hipóteses explícitas que podem ser testadas pelo Cliente na resolução de problemas.

Um mapa cognitivo é um quadro provisório que a pessoa cria
para explicar a ela mesma, ou a outros, o caráter de um problema e as abordagens para a sua solução. Tal mapa, provavelmente, é um conjunto de explicações de senso comum, de atitudes,
crenças e convicções subjetivas, todas as quais, quando juntas,
ao que se espera, condizem com o problema real em termos intelectuais. Um mapa cognitivo de um problema complexo, algumas vezes, se assemelha empiricamente aos primeiros mapas do
Novo Mundo, produzidos após as viagens de Colombo. Embora
aqueles mapas tivessem alguma correspondência com o litoral
da América, estavam longe de serem precisos. Mas são fundamentais nas atitudes e comportamentos do Consultor na sua interação com o Cliente.

O cliente se liberta da dependência cega à sabedoria do senso comum e convencional, e é capacitado a ver as situações mais
objetivamente, evitando as distorções que as crenças e atitudes
subjetivas e as convicções não testadas podem gerar. Torna-se,
assim, bem mais objetivo em suas decisões e ações gerenciais.

· Aprenda com o erro

O medo é o caminho mais curto para o erro. Em vez de jogar
para ganhar, o cliente joga para perder. Não se esforça para acertar, mas para não errar. Fica na retranca. Passa a ter uma perspectiva incrementalista de obtenção de pequenas vitórias, porém
seguras, mesmo que à custa do abandono e da perda das oportunidades. Conforma-se "com o feijão com arroz" do cotidiano e da
rotina. Faz apenas o que "está no gibi" para não ter que se expor,
ousando e desafiando o *status quo*, explorando as oportunidades.
Mude radicalmente a maneira como você percebe e trata o

erro, seja pessoal ou de sua equipe. Quando ocorrer, diga para você mesmo e compartilhe com os demais: "tanto os erros como os acertos são passos necessários de aprendizagem para mim e minha equipe".

A ordem do progresso é a mudança. Quem não consegue mudar a si mesmo, não muda coisa alguma. É "errando que se aprende". Parafraseando Bertold Brecht: "não me importunem, estou ocupado preparando meu próximo erro". O modo de lidar com erros indica a capacidade da equipe construir um clima de maturidade e revelar novos caminhos.

Se não houver tentativas, ensaios, erros e acertos também não haverá progresso, mudança, inovação. Todas as ideias devem ser experimentadas para que uma delas dê resultado. Mas só descobrimos a ideia criativa se acreditarmos em todas as demais. O melhor do homem é a inquietude, porque senão prevalecem a omissão, a indiferença, a apatia. O líder não tem compromisso com o fracasso e o erro. Deve se envolver permanentemente com o que está à sua volta. A insatisfação é o primeiro passo para a transformação e a mudança.

É preciso, no entanto, que não nos deixemos arrastar pelo cipoal de minúcias e de filigranas, que não queiramos prever, com precisão matemática, a visualização de cenários, o momento de cada ação, a forma prática de cada decisão ou a extensão exata de cada lance. Parodiando o grande Fernando Pessoa: "Navegar é preciso, viver não é preciso". E eu complemento: "Administrar não é preciso", porque também não é exato, é como a vida.

Cometo erros e equívocos sem medo de errar. Procuro acertar, mas na convicção de estar fazendo o melhor, precavendo-me contra os erros e os equívocos da forma mais inteligente e prudente que puder. Não corro o risco pelo risco, pois me asseguro de redes de proteção que minimizem a incidência do insucesso. Valho-me sempre da experiência dos membros da minha equipe e de meus superiores.

O líder deve naturalmente compreender que não é perfeito, que as pessoas que trabalham com ele não são perfeitas, e que sua organização não é nem será perfeita. Deve avaliar continuamente seus próprios pontos fortes e fracos, bem como os de sua equipe e de sua organização, com a intenção de contornar as dificuldades e liderar com base nas forças em todos os níveis, superando as fraquezas de cada um – inclusive de si próprio – com as forças dos outros.

Admita que seus liderados possam ser capazes, ao menos potencialmente, de liderar a equipe ou mesmo a organização na sua ausência. Esta premissa poderá aparecer descabidamente elogiosa para a maioria dos colaboradores e bastante depreciativa da indispensabilidade do gerente. Ainda assim, ela corresponde bem mais aos fatos demonstrados pelas pesquisas do que à hipocrisia que ainda permeia grande parte do folclore da administração sobre o tema.

Não participo do jogo da vida na defensiva, restrito à busca de segurança, de autoproteção, de justificativas e de explicações para as derrotas. Muito menos contento-me com os louros obtidos nas vitórias. Quero ir mais longe, para frente. Mas me acautelo contra o narcótico do sucesso. A vitória relaxa a crítica, afrouxa a disciplina e deteriora o desempenho.

O meu compromisso é com o sucesso e com a vitória, mas estou pronto para aceitar quaisquer resultados adversos como parte do processo de participação. Tento de novo, fracasso de novo, fracasso melhor. Aprendo com eles e parto para outro. Sigo em frente porque atrás vem gente querendo ultrapassar. Nunca é tarde para tentar o desconhecido, nunca é tarde para ir mais além. Começo de novo, começo outra vez e sempre será o começo do infinito, por mais que comece. Seremos o que o tempo nos vá indicando que devamos ser, de acordo com o que formos construindo, caminhando. Mas o que iremos ser, aonde vamos chegar, não pode ficar apenas ao sabor das circunstâncias, como um barco à deriva. Precisa ser uma decorrência inelutável da nossa vontade individual e coletiva de determinar o nosso destino.

O verdadeiro líder é sempre um bom ator. Na crise, sabe como desencapsular as emoções de que necessita para vencer as dificuldades, a despeito da perplexidade que intimamente possa estar sentindo. Na representação de papéis, como um ator no palco, aprende a separar o seu "eu oculto" (líder como pessoa) do seu papel de líder de pessoas e de equipes (pessoa como líder).

O seu "eu oculto" expressa como de fato o indivíduo se sente como pessoa, emocional e fisicamente, diante da crise. A representação de seu papel de líder expressa como precisa se sentir, enquanto profissional, para responder adequadamente aos imperativos da situação de crise. No desempenho desse papel, tem que controlar os seus sentimentos íntimos de medo e de apreensão para agir com racionalidade e ponderação. Precisa aprender a artificializar o seu comportamento como um ator em cena.

Por exemplo, imagine-se num voo da ponte aérea Rio–São Paulo em que o avião sofra fortes turbulências logo após decolar. Em poucos minutos, o voo se torna um inferno. O avião joga como uma montanha-russa descontrolada. Dentro da aeronave, pastas e valises despencam do compartimento de bagagem no corredor e na cabeça dos passageiros. Pessoas vomitam, rezam, soluçam e esbravejam. Numa situação dessas, você também ficaria aterrorizado.

Diante da crise em que nada podemos fazer, é hora de transformar o medo em fantasia, a realidade em ficção, o sentimento desconfortável do momento na imaginação de situações agradáveis de devaneio. Feche os olhos, abstraia-se da situação que está vivendo e deixe-se embalar pela fantasia.

É inteligente deixar-se consumir pelo medo? Se houver a mínima possibilidade de escapar num pouso forçado em caso de acidente, você alcançará a porta de saída do avião mais rapidamente se estiver se consumindo pela ansiedade de que nada pode fazer a não ser esperar pelo desfecho dos acontecimentos?

Talvez não seja a turbulência propriamente que o faça sentir tão mal, mas a sua resposta física e psicológica à turbulência. Tire partido da adversidade, controle suas emoções! Recoste a cabeça na poltrona e se deixe divagar, fantasiar, abstrair-se da realidade que o incomoda, principalmente produzida pelo sentimento de impotência e de dependência. Pense e visualize momentos agradáveis, engraçados e autorrealizadores. Divirta-se com eles. Ria. Vivencie-os intensamente como se fossem a própria realidade. É provável que assim consiga enganar os seus sentimentos. Ao final do voo, talvez seja um dos poucos passageiros a desembarcar com um sorriso nos lábios, não de pânico ou de alívio, mas de serenidade por ter controlado suas emoções. Esta é a representação do seu papel de líder. Assumir como verdadeira uma segunda natureza, apreendida da artificialidade do controle de suas emoções.

Reflita sobre outro exemplo: imagine-se agora chegando em casa exausto após um estressante dia de trabalho. O seu "eu oculto" anseia por algum tempo solitário de relaxamento para recarregar as baterias. À porta de casa, no entanto, a sua esposa o espera para ir ao supermercado. Em vez de jogar-se na poltrona mais próxima e deixar-se ficar, você se vê envolvido com as tarefas domésticas do marido moderno. É a representação do seu papel social.

O desempenho do executivo será tanto melhor quanto for capaz de compatibilizar o seu "eu oculto" com o papel social. A expansão do indivíduo enquanto pessoa deve acarretar sinergia ao desempenho da pessoa como profissional. E vice-versa. A representação do papel deve agregar ao indivíduo maturidade, serenidade e equilíbrio, aprendizagens adquiridas a partir da experiência gerencial vivenciada, fundamentais ao aprimoramento da pessoa investida na condição de líder.

O Consultor de Organização não pode deixar de considerar tais circunstâncias muitas vezes inevitáveis de seus clientes.

- O desempenho do cliente é função do nível de aspiração

As ciências do comportamento afirmam que as pessoas respondem com contribuições apenas medíocres aos estímulos organizacionais em função de diretrizes, estilos e processos de trabalho que tornam ainda mais medíocres o desempenho do ser humano nas organizações. É a profecia que se realiza: expectativas medíocres levam sucessivamente a desempenhos medíocres.

As pessoas reagem aos estímulos aprendidos em diferentes processos de socialização a que foram expostos: família, igreja, escola, trabalho, grupos de amigos e parentes etc. Assim, é preciso mudar os conceitos prevalecentes sobre a natureza do ser humano, se não quisermos estratificar definitivamente essa relação de causa e efeito: conceitos medíocres levam a desempenhos cada vez mais medíocres, que, por sua vez, reforçam a tese de mediocridade do ser humano. É preciso reverter esta profecia, que hoje se reafirma pelas práticas e ações gerenciais cotidianas no universo das organizações.

A visão que a organização tem do ser humano condiciona significativamente o comportamento, os hábitos e as atitudes que os seus gerentes adotam e as respostas consequentes dos subordinados aos estímulos e às expectativas que recebem. O mundo percebido condiciona significativamente o nosso comportamento. Assim, na situação de trabalho, uma expectativa medíocre tende a gerar desempenhos medíocres, assim como maior confiança no potencial de realização de cada um tenderá a desenvolver um clima de participação e engajamento; mais autonomia e aceitação de riscos tende a propiciar maior satisfação pelo desempenho de responsabilidades crescentes. Ao contrário, como em geral acontece, a desconfiança desencadeia a contrapartida do pé atrás e da insegurança dos clientes; a descrença na capacidade de trabalho e na realização geram fuga à responsabilidade e alienação.

• Conhecimento do Cliente

O conhecimento do comportamento do Cliente é o alicerce da consultoria bem feita. Tal conhecimento decorre naturalmente da interação entre as pessoas em busca da realização de tarefas comuns, desde que estabelecida uma relação de franqueza e abertura que lhes possibilite estar sempre trocando pontos de vista, convergindo e divergindo, firmando propósitos etc.; enfim, realizando avaliações no cotidiano do trabalho conjunto. É fundamental que o Consultor tenha visão clara do quadro de referências que cercam o desempenho do Cliente em sua organização.

Devido às pressões do dia a dia, muitos aspectos do comportamento individual e grupal, bem como os seus resultados, são ignorados ou recebem menor atenção do que às vezes merecem. Por que isso acontece? Uma das reações talvez seja de que nem sempre as organizações dispõem de processos interativos de crítica sistemática que contribuem para tornar as gerências mais informadas e atentas ao que se passa e muito menos para antecipar-se à emergência de crises. Nem sempre há disseminada na cultura das organizações a utilização da crítica sistemática, *pari passu*, em relação aos fatos nos quais se envolvem as chefias e seus subordinados.

A crítica em geral é intermitente, esporádica e sempre ao resultado final. Não se faz crítica passo a passo ao longo de todo o desenvolvimento do processo, como deveria ser ao longo da obtenção dos resultados parciais.

Além disso, a delegação, em si mesma desejável, muitas vezes resulta em que os Clientes fiquem mal informados a respeito de assuntos que necessitariam de sua compreensão e intervenção educacional como líderes de pessoas e de grupos.

Finalmente, algumas questões são ignoradas porque não parecem relevantes no momento. Todavia, nem sempre é assim. Consideradas por outro ângulo, podem ter a maior repercussão, tanto para o comportamento individual quanto para os demais membros da equipe e para o conjunto do trabalho grupal.

É preciso que o Cliente reúna dados, fatos e informações de que nem sempre dispõe. Verifique se as informações adicionais não resultariam numa avaliação mais acurada de seu desempenho.

Modelo Sistêmico

- Pressupõe um referencial técnico (conceptual) para auxiliar o Cliente a diagnosticar interna e externamente a própria situação;

- A validação experimental posterior de hipóteses, princípios ou axiomas estabelecidos pelo cliente lhes garantirá confiança quanto às suas ações futuras;

- Se o Cliente aprende teorias e sabe empregá-las em situações concretas, não mais precisará contar com sua própria intuição, palpites, bom senso ou subjetivismo;

- O Cliente se liberta da dependência cega ao senso comum, passa a ver o que é visível, mas não é visto. Focaliza as oportunidades e não os problemas.

12. PREFERÊNCIAS DOS CONSULTORES

Muitos Consultores têm preferências pessoais ou predisposições que influenciam ou mesmo orientam suas tendências para intervir. Muitas vezes, estas influências não têm relação com as necessidades reais do Cliente ou com a situação-problema.

As intervenções baseadas nas preferências e predileções do Consultor, em vez de baseadas em diagnósticos válidos dos requisitos para ajudar na situação-problema, têm menos valor do que quando dirigidas e efetivamente focadas para a situação real do Cliente.

Muitas considerações determinam a eficácia de uma intervenção. Mas, basicamente, uma única orientação de estilo de liderança do Consultor pode servir para estruturar o uso de toda uma gama de habilidades de consultoria, desde que seja suficientemente construtiva para não excluir outras modalidades de intervenção que num dado momento possam se tornar pertinentes.

O pensar determina o comportamento. A aplicação dos modelos de intervenção depende assim do conjunto de pressupostos e de concepções que embasam a ação do Consultor, quer de forma adequada e que funcionalize a busca da excelência do Cliente, quer pelo seu desvio e disfunções.

É preciso voltar ao velho lugar-comum, sempre precioso: "nada mais prático do que uma boa teoria". Assim, quando os avanços da psicologia social revelam que o mundo das percepções é, a um só tempo, fonte e limite do comportamento humano, surgiram infindáveis implicações para o estudo das ciências do comportamento humano no mundo das organizações e no universo da sociedade.

O pensar determina o agir. Os conceitos condicionam a ação. Para tornar mais conscientes as intervenções nas relações existentes, entre Consultor/Cliente, é preciso que se fundamente, precipuamente, nas Teorias X e Y, de Douglas McGregor; no Grid Gerencial, de Robert Blake e Jane Mouton; nos Sistemas Organizacionais de Rensis Likert; nos Modelos Gerenciais de Chris Argyris; e no Campo de Forças, de Kurt Lewin.

A unidade de desenvolvimento da relação Consultor/Cliente é dupla, ou seja, a díade constituída por uma equipe de dois, e não cada uma das partes isoladamente. As verdadeiras condições se estabelecem quando os objetivos do Consultor se realizam através dos objetivos do Cliente, e vice-versa. Os objetivos de um se coadunam aos objetivos do outro. A dedicação, o empenho e o engajamento provêm do sentimento de interesse real recíproco no resultado do esforço interdependente. Nestas circunstâncias, as necessidades sentidas do Cliente, de estar comprometido num esforço interdependente significativo, se entrosam com o apoio e com o suporte do Consultor na excelência de desempenho da relação. O resultado é o desenvolvimento sustentável do Cliente e a plena realização do Consultor na tarefa realizada.

Quando os pressupostos das teorias acima referenciadas se aplicam adequadamente nos processos de intervenção, os efeitos positivos assim se dão, como sumariamente descritos a seguir:

MODALIDADE DE INTERVENÇÃO CATÁRTICA

O Consultor ajuda o Cliente a relaxar tensões imobilizadoras e, assim, remover barreiras que têm impedido a ação construtiva.

MODALIDADE DE INTERVENÇÃO CATALÍTICA

O Consultor ajuda o Cliente a desenvolver suas percepções da situação-problema, dando-lhe assistência para empreender uma ação em profundidade em vez de superficial.

MODALIDADE DE INTERVENÇÃO POR CONFRONTAÇÃO

O problema só pode ser focalizado e resolvido através do reconhecimento, pelo Cliente, de que seu próprio comportamento e valores são as causas dos seus problemas.

MODALIDADE DE INTERVENÇÃO PRESCRITIVA

O Cliente chegou a um ponto de impasse, desamparo ou desespero que a ação é imperativa para evitar maiores consequências. Não consegue sair da situação enrascada em que se encontra.

MODALIDADE DE INTERVENÇÃO SISTÊMICA

O cliente pode abordar e provavelmente resolver os seus problemas baseados em percepções sistêmicas fundadas em teorias e em princípios.

Fica, assim, em melhor posição ou mais bem equipado para superar problemas semelhantes no futuro.

Intervenções disfuncionais

Os estilos de liderança do Consultor especificam suas intervenções "legítimas". Porém, quando examinadas em relação à variedade de alternativas, elas também possibilitam distinguir entre intervenções consistentes e intervenções indevidas ou inadequadas.

O Consultor, cujas predileções são outras que não as 9.9, Teoria Y, Modelo II ou Sistema 4, enfrenta dilemas e inapropriedades decorrentes das distintas dimensões do estilo de liderança adotado.

Há uma forte identificação entre estilos de lideranças do Consultor e as estratégias de intervenção que pratica com os seus Clientes. Ele precisa se conscientizar muito bem disso para realizar o seu mister com competência e efetividade.

Por exemplo, no Modelo Prescritivo, uma intervenção disfuncional se realiza quando o Consultor está determinado a ver empreendida uma ação que ele acha válida. Para isso, é capaz de valer-se de qualquer pressão para fazer o cliente empreendê-la. Esta é uma prática típica de um Consultor de viés autoritário, disciplinador, que faz uso da hierarquia do tipo "eu-sozinho".

Já uma disfuncionalidade do Modelo Sistêmico se dá quando o Consultor tem certeza de que a teoria representa a única e absoluta maneira do Cliente resolver seu problema. De novo, o viés autoritário do Consultor se faz presente. Ou, ainda, o Consultor apresenta a teoria não porque ele ache que seja útil, mas porque acha que o cliente a queira. Aí a disfunção se dá pelo estilo gerencial do Consultor impregnado pelas "relações pessoais", "boa-praça", "grupista", "fazer o que o cliente deseja".

Na intervenção por Confrontação, a disfunção ocorre quando o Consultor deriva satisfação de sacudir o Cliente, "balançar a roseira do Cliente". É um uso claramente autoritário em relação ao Cliente.

Já na Intervenção Catártica, o Consultor aborda o Cliente por causa de um alto interesse pela dimensão pessoal e/ou social, pois entende ser a única maneira de sentir-se útil. Outra disfunção se dá quando reage em termos das necessidades declaradas do Cliente, sem estar convencido de que seja a coisa certa a fazer. De novo, o estilo gerencial do Consultor em agradar o interlocutor provoca uma disfunção no uso do modelo. Mas pode ser também uma distorção produzida por descaso ou omissão, quando o Consultor adota uma postura passiva, não por orientação de apoio, mas por desinteresse ou por apenas querer manter a relação de contrato.

Na Estratégia de Intervenção Catalítica a disfunção pode ocorrer quando o Consultor adapta sua resposta às necessidades declaradas do Cliente, mesmo estando claro para ele que a solução realista implicaria numa definição alternativa bem diferente do problema. Outra disfunção também ocorre quando o Consultor intervém apenas para agradar ao cliente.

13. EXCESSIVA CONFIANÇA NAS ESTRATÉGIAS DE INTERVENÇÃO

A excessiva confiança num só modelo de intervenção por parte do Consultor pode resultar em que ele faça o Cliente sentir--se tão confortável em aceitar a situação, que pode passar a ficar satisfeito com as circunstâncias existentes. Pode também fazer com que o cliente perca o desejo de lidar com as causas do problema que o aflige para o qual a catarse pode ter sido apenas o primeiro passo de solução.

- Qualquer modalidade de intervenção, caso se confie excessivamente nela, cedo ou tarde pode mostrar-se ineficaz. A Intervenção Catártica em excesso ou "permanente" pode resultar em fazer o Cliente sentir-se tão confortável a ponto de aceitar a sua situação. O Cliente pode perder o desejo de lidar efetivamente com as causas ou com as fontes que causaram o problema, para o qual a catarse pode ter sido apenas o primeiro passo em direção à solução.
- A debilidade da aplicação da Modalidade Catalítica perene pode ser a sua falta de profundidade ou a superficia-

lidade. O Consultor se torna uma muleta e, à medida que o Cliente obtém mais ajuda, se torna mais fraco e dependente, mais necessitado de ajuda.

- O risco da Modalidade por Confrontação muito prolongada é o de "descobrir" fraquezas do Cliente sem lhe oferecer maneiras de superá-las. Ele já não pode repetir o passado e ainda é incapaz de ver que ações alternativas serão possíveis de implementar. Este pode ser o último ato de derrota.

- A prescrição sem fim é a que dá respostas a tudo ao Cliente, sem que este aprenda a pensar e a definir o problema para qual a resposta fornecida é a solução. O cliente se torna mais dependente de instrução contínua "de fora".

- A Intervenção Sistêmica, que não varia, pode estimular o Cliente a se deixar absorver demais pela atividade intelectual, não como ferramenta para resolver problemas, mas como um fim em si. Intelectualizar é, em certo sentido, uma maneira de evitar problemas em vez de resolvê-los. Você mascara a solução pela excessiva intelectualização do problema.

14. QUANDO USAR ESTRATÉGIAS DIFERENTES DE INTERVENÇÃO?

Cada estratégia de intervenção usada em consultoria foi descrita como uma estratégia dominante para determinados tipos de situação.

Contudo, o que é adequado como intervenção em uma fase pode ser equivocado em um estágio posterior. Não há qualquer razão básica para que não se possa empregar combinações de intervenções, em sequência, com o mesmo Cliente à medida que a situação evolua.

Nem todas as intervenções são igualmente compatíveis umas com as outras, mesmo quando usadas como base no julgamento "bem-intencionado" pelo mesmo Consultor, com o mesmo Cliente.

SEGUINDO A CATÁRTICA

- A Intervenção Catalítica é a mais provável à Intervenção Catártica. É uma intervenção não-avaliativa e não-julgadora. É a emocionalmente mais neutra, mais de acordo

com uma relação de conforto, de apoio e calor engendrada anteriormente pelas intervenções catárticas.
- A Intervenção Catalítica após a Catártica leva o Cliente para a frente, no seu próprio ritmo, nos seus próprios termos, de sua própria maneira.
- Provavelmente a Intervenção por Confrontação após a Catártica sacudiria o cliente e estimularia à resistência, violando suas expectativas de apoio confortador, fazendo-o voltar ao estágio inicial anterior.
- A Intervenção Prescritiva coloca o cliente em novo conflito interno e o "força" a empreender uma ação adversa eventualmente para colegas e subordinados.
- Uma Intervenção Sistêmica também é possível, mas menos provável, pois as tensões são aliviadas. Geralmente, há necessidade de ação imediata, improvável para o tempo necessário a uma Intervenção Sistêmica, que requer o conhecimento e aplicação de teorias.

SEGUINDO A CATALÍTICA

- É inversa à Catártica. Se estiver despertando ansiedades, medo, raiva ou incerteza é possível voltar à Catártica. É possível, depois disso, que a Intervenção Catalítica retorne.

SEGUINDO A CONFRONTAÇÃO

- O Consultor pode então mudar de uma base por Confrontação para uma Catártica para ajudar o cliente a restabelecer o equilíbrio emocional.
- Há possibilidade de uma Intervenção Catalítica quando a Confrontação não estiver provocando a expressão emocional, mas tiver causado mudança cognitiva na definição do problema.

SEGUINDO À SISTÊMICA

- A Prescrição é a menos provável por se opor conceptualmente.
- A intervenção mais provável à Sistêmica é a Confrontação.

O Cliente está motivado para empreender ações necessárias para focalizar e resolver problemas pessoais. A Confrontação pode ajudar o Cliente a rejeitar o que ele "sabe" que são valores ultrapassados ou obsoletos.

- A Intervenção Catalítica também pode se seguir à Sistêmica, ajudando o Cliente a perceber melhor seus problemas e a definir linhas de ação e comportamentos.
- A Intervenção Catártica, seguindo-se à Sistêmica, pode ajudar o Cliente a aliviar, focalizar, expressar e elaborar tensões que foram disparadas pela teoria conscientizada pelo Cliente. A catarse resultante tem um caráter de ponte, capacitando o Cliente para restabelecer o equilíbrio emocional antes de seguir adiante.

QUANDO USAR MODELOS DIFERENTES DE INTERVENÇÃO?

15. INTERVENÇÕES PURAS E MISTAS. FACHADAS

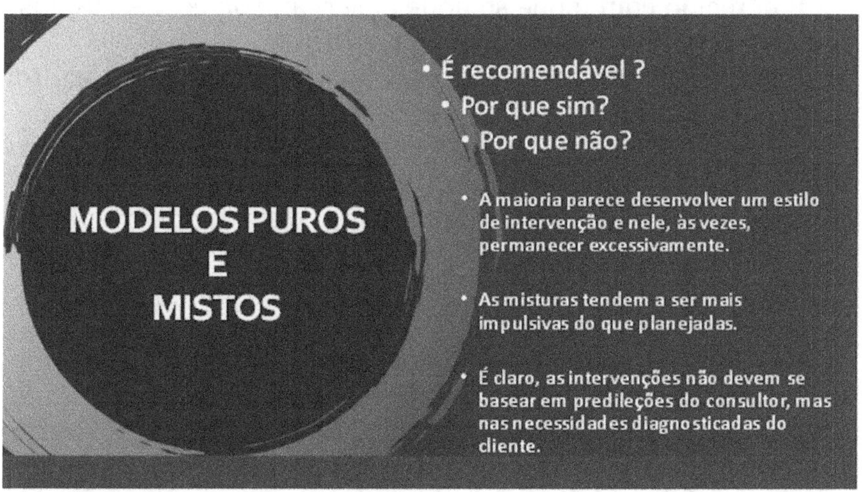

Usa-se uma ou outra das 5 intervenções básicas nas várias estratégias de consultoria. Apesar de a maioria ser pura, em algumas situações podem estar envolvidas mais de uma intervenção, dependendo do Consultor, do Cliente e do problema.

Há consultores que, dispondo de grande *expertise* profissional, se valem não só subsequentemente, mas, amiúde, com concomitância de estilos mistos de intervenção na proporção em que as entrevistas de consultoria se realizam. A exigência, óbvia, é que necessitam de um pleno domínio dos distintos modelos e estratégias de intervenção para que consigam, com sucesso, variar de um para outro, ou mesmo misturá-los ao mesmo tempo na medida em que atuam e intervêm junto ao Cliente.

Ademais, há outros estilos de intervenção, também bastante característicos, que não podem deixar de ser considerados em razão de sua existência mais comum do que seria desejável. São eles: paternalista, o pêndulo de grande oscilação e estatístico. São diferentes dos mistos porque não implicam a variação da aplicação dos estilos puros em sua essência.

CONSULTOR PATERNALISTA

O estilo paternalista de intervenção, como a própria palavra sugere, descreve a relação entre o Consultor e seu Cliente em que, ao mesmo tempo, envolve controle, por um lado, mas gera preocupação e atenção, cuidado com o Cliente como pessoa, por outro.

É parecido com o que se pode observar, sob certas circunstâncias, na relação entre um pai e seus filhos.

Avaliado do ponto de vista de desempenho, um Consultor Paternalista tende a manter um controle cerrado sobre os assuntos tratados na relação de Consultoria. Mas, ao mesmo tempo, ele se mostra generoso e afável, amável mesmo, nas relações pessoais com o Cliente. Por exemplo: ele diz para o cliente – "você trabalhou muito bem hoje e deu conta de todas as questões que tratamos. Vá agora relaxar um pouco na sala de convivência e depois continuamos".

O Consultor tende a tratar o seu Cliente como um amigo muito próximo, como se fosse parte de sua família. Mas, ao mesmo tempo, encoraja o cliente a tomar iniciativa e a ser responsável no que fazer, cobra-lhe desempenho, exige resultados. Ele justapõe relações sociais às relações funcionais. Confere e torna a conferir todo o trabalho que faz, mas jamais concede que o cliente se assuma como o "dono da bola" num processo de autonomização e independência. Combina simultaneamente direção e controle rígidos com o bem-estar e a sociabilidade.

CONSULTOR PÊNDULO DE GRANDE OSCILAÇÃO

No estilo Paternalista, o foco nos resultados da consultoria e da amabilidade com o cliente se dão simultaneamente, em justaposição. Já o modelo de consultoria por Pêndulo de Grande Oscilação ora foca num - resultados -, ora foca noutro - amabilidade com o Cliente. Nunca os dois estão juntos ao mesmo tempo. Ora afrouxa nas relações sociais com o Cliente, ora aperta para aumentar os resultados da relação de consultoria. Vai para um ou vai para outro, numa relação de atuação quase segmentada.

Esta sequência alternada de oscilação total de comportamento do Consultor na relação com o Cliente costuma criar o despertar de constrangimentos e mal-estar. E aí o Consultor afrouxa para amenizar sentimentos de culpa ou de exageros. Uma vez que as boas relações são restabelecidas, volta a apertar em busca de melhores resultados.

O fato de exigir para alcançar eficiência, amenizar para ganhar a adesão e envolvimento do cliente e, depois, tornar a exigir para melhorar o desempenho da relação de consultoria, representa e concretiza a oscilação permanente do Consultor.

CONSULTOR ESTATÍSTICO

O Consultor Estatístico emprega todas as cinco estratégias de intervenção na atuação cotidiana com o Cliente. Sua característica essencial é que ele atua de acordo com o que é mais "aceitável" – sendo apropriado ou não.

Se o Cliente quer se conter, se isolar, e o Consultor não sabe como agir nessas circunstâncias, ele é deixado assim, à própria sorte. O Consultor delega ao Cliente a liderança da relação de Consultoria. Se o Cliente parece desejar relações amistosas e cordiais e uma atmosfera de apoio e de amabilidade, a ele são oferecidas compreensão e aceitabilidade. Se o cliente deseja validar seu trabalho sem interferência e autonomamente, o Consultor responde com um comportamento "firme". Se o Cliente evita interlocução negociada, é assim que o Consultor se comporta. Ou seja, o Consultor Estatístico opera em quaisquer estilos de intervenção em Consultoria. As aplicações distintas de estilos fazem uma média em direção ao meio termo e ao mínimo denominador comum, o que redunda inescapavelmente para um desempenho perde/perde, em que, simultaneamente, tanto perde o Cliente quanto a qualidade da relação de consultoria.

Em verdade, é preciso atentar sobremaneira para as consequências de estilos mistos de intervenção. Cada um deles, obviamente, em uma ou outra dimensão no que se refere aos problemas do Cliente e das relações de consultoria, tenta reconhecer as repercussões que provocam em ambas as variáveis presentes no processo de consultoria. Tenta, assim, equacioná--las. No entanto, o mais das vezes, a aplicação de estilos mistos distorce o critério básico de como se dá de modo eficaz a integração do Cliente e do Consultor na relação de consultoria.

A limitação fundamental é que estas orientações tentam

equacionar o problema ao nível restrito dos sintomas, e não às necessidades sentidas do Cliente. Elas falham em reconhecer e atacar as causas que sustentam a dificuldade objetiva do Cliente na resolução do problema.

A aplicação estratégica de um modelo de intervenção em consultoria não é melhorar o que de mau existe ou apenas colocar remendos ou atenuar disfunções. Pelo contrário, a intervenção busca gerar soluções em que o Cliente aprende a aplicar novos comportamentos e atitudes em busca da realização e integração de objetivos individuais e das necessidades da organização. Quando se fundem, geram sinergia recíprocas, os esforços para otimizar resultados não mais precisam ocorrer sob pressão, nem ser objeto de negociação ganha/perde ou perde/perde, muito menos serem relegadas ou abandonadas, ou "cordialmente" vendidas ao cliente. Menos ainda tais esforços precisam ser dirigidos como no estilo paternalista, ou no da compensação ou na abordagem estatística de variação alternada de comportamento do Consultor. Pelo contrário, reafirmo, os esforços de intervenção do Consultor para alcançar a excelência de desempenho do Cliente na relação de consultoria precisam se fundar, precipuamente, no máximo envolvimento e identificação do Cliente com o seu próprio desenvolvimento pessoal e com a realização dos objetivos organizacionais. E isto se faz naturalmente aplicando, na maioria absoluta das vezes, os estilos puros de intervenção baseados na correta e objetiva definição do problema e nas características peculiares de cada cliente.

O ESTILO FACHADA DE INTERVENÇÃO EM CONSULTORIA

O Estilo Fachada de Intervenção em Consultoria pode ser utilizado por um Consultor que esteja procurando esconder a sua ilegítima preocupação em alcançar meramente objetivos pessoais na relação com o cliente. Uma vez que suas estratégias de comportamento variam para tirar proveito de uma situação oportuna ou da fraqueza de seus Clientes, costuma ser difícil identificar aquele que cria fachadas, a não ser estudando o seu desempenho diretamente por algum tempo. O uso de fachadas é, certamente, o mais difícil e nebuloso empecilho à excelência dos processos de consultoria.

O conceito de Consultor Fachada, aqui exposto, se foca essencialmente em práticas manipulativas, inautênticas e dissimuladas. Muito diferente da aplicação dos estilos puros e mistos, centralmente honestos nas suas motivações, intenções e práticas na interação com o Cliente.

A fachada tem por propósito obter, por meios diretos ou não, ganho qualquer que não seria alcançado de maneira aberta e franca, honesta, ou impossível de ser sequer aventado se fossem reveladas as reais vontades do Consultor. Pode ser a extensão ou aumento do contrato, a absorção do consultor como empregado da organização-cliente etc.

A característica objetiva de toda fachada é que o Consultor evita deixar transparecer as suas reais motivações, o conteúdo do que pensa e deseja, dando, no entanto, a impressão exatamente do contrário. O verdadeiro objetivo do Consultor deixa de ser o Cliente. Permanece fechado, escamoteado com relação aos seus verdadeiros propósitos, sem hesitar em valer-se da relação de confiança e de proximidade com o Cliente para alcançar o que em verdade almeja.

Uma categoria de motivação que sustenta uma fachada costuma ser o desejo de exercer o domínio de controle e de *status* sobre o Cliente. É a conquista do poder e da capacidade de exercê-lo, em vez da busca do resultado produtivo de desenvolvimento do cliente.

Uma segunda motivação se constitui no objetivo de conseguir a aceitação e segurança nas relações interpessoais com o cliente. Aqui, de novo, a fachada encobre as reais intenções para, na verdade, a aparência de realizações e de domínio possa esconder um sentimento de deficiência pessoal do próprio Consultor no desempenho de suas tarefas.

Quem se vale de fachada não só evita revelar suas intenções como também tenta construir uma imagem e uma reputação profissional e pessoal positivas que o ajudem na manutenção de práticas enganadoras. A imagem e a reputação preenchem o objetivo de fazer com que as intenções se mostrem bem diferentes do que verdadeiramente o são.

As fachadas nas consultorias se desdobram em diferentes vertentes, sempre com o interesse focalizado no Cliente como pessoa, valorizando seus aspectos positivos, assim como criticando os negativos, não para o desenvolvê-lo como pessoa, mas para controlar o seu desempenho.

Elogios e cumprimentos fazem com que o Cliente se sinta valorizado e representam importantes aspectos na construção de sua autoestima. Deste modo, o Cliente alvo de tantos encômios passa a se aproximar e a admirar o Consultor, que o coloca em tão alta conta. O elogio compra a influência e a estima. Em verdade, o Consultor assim age sem dispor de qualquer indicação objetiva de que o elogio deva ser feito, a não ser agradar manipulativamente o Cliente.

A preocupação de demonstrar o interesse com as necessidades e opiniões do Cliente é uma modalidade variante do elogio, que atua de forma mais sutil e sibilina na conquista da aceitação.

A tendência ao uso da fachada de amabilidade parece originar-se do receio de constranger ou inibir o Cliente. Já o uso direto da avaliação crítica arrasta alguns riscos a serem certamente evitados pelo Consultor Fachada. Parte do pressuposto equivocado de que ao lidar com pessoas não se está normalmente tratando com indivíduos racionais, que se valem do raciocínio lógico nas suas intenções. Em determinadas situações, os clientes como pessoas são indivíduos emocionais, cheios de si, complexos e motivados, por orgulho e vaidade. A crítica pode não cair bem em seres humanos com essas características.

Ao colocar a fachada, o Consultor expressa as suas convicções. Mas, de forma muito típica, as convicções são assumidas para favorecerem a manipulação, a inautenticidade e a dissimulação na relação com o Cliente. Ele nunca as apresenta de maneira nua e crua, firmes e diretas, para que não possa, jamais, ser percebido como opiniático, obstinado, obsessivo ou dono da verdade.

As fachadas intelectuais são cortinas de fumaça ou biombos em que não existe um verdadeiro compromisso e envolvimento, engajamento real com ideias e convicções professadas. É adotada como justificativa para uma explícita despreocupação com o cliente. Em geral, são aplicadas a clientes vocacionados ao interesse e ao debate, e à controvérsia intelectual.

O Consultor Fachada trata o conflito como uma área delicada na orientação de seu comportamento pessoal com o Cliente. Usa sempre o conflito para alcançar seus objetivos pessoais. Vale-se de variadas alternativas de comportamento para alcançar os fins. Evita envolver-se diretamente num conflito em que seja vulnerável. Ousa pouco. Entra em cena normalmente ao lado da parte mais forte. Esforça-se para não demonstrar irritação ou impaciência, quaisquer emoções, mantendo-se contido, calmo e sereno. Tenta sempre operar como mediador neutro e imparcial, apartidário, não para contribuir para a resolução do problema, mas para não se expor.

Um elemento-chave no desempenho do Consultor Fachada é que ele age com determinação até que seus propósitos sejam alcançados. É fixamente leal aos seus propósitos pessoais na condução do processo de consultoria. Embora simule interesse, ele não se envolve afetivamente com quaisquer Clientes, se bem que, aqui e ali, o demonstre como forma de manipulação. Vale-se da negociação e da conciliação como um estratagema ou um subterfúgio tático para realizar seus interesses.

Assim, o objetivo comum por trás das fachadas costuma ser o da satisfação de motivos pessoais, amiúde mais frequentemente nas áreas de controle e do domínio por meio da submissão do cliente.

A relação de consultoria fundamentalmente lida com a ética e a confiança entre as partes. Não é o que caracteriza a ação do Consultor Fachada, infelizmente mais encontradiço do que seria possível de imaginar.

Um outro elemento disruptor da ética e da confiança costuma se dar quando o Consultor tenta conquistar um objetivo além de sua competência, habilidade ou capacidade. Vale-se da fachada para encobrir um ardil ou trapaça num simulacro de consultoria. Pior ainda quando o comportamento indevido do Consultor de Fachada se desenvolve de forma não-conscientizada por ele. Não tem sequer consciência ou percepção adequada do que faz.

Neste caso, mais do que todos, quem deve ser objeto urgente de intervenção de consultoria é o próprio Consultor. A expansão do Consultor Fachada deve ser estritamente denunciada por todos os que se dedicam à Consultoria Organizacional por se contrapor à ética e às relações profissionais que devem fundamentar as ações de um legítimo Consultor em interação com seus Clientes.

QUANDO UMA INTERVENÇÃO É INDICADA?
CATÁRTICA

Palavra-Chave: liberação emocional
Quando Indicada: sentimentos de fechamento estão bloqueando a capacidade do Cliente ver a realidade.

CATALÍTICA

Palavra-Chave: fortalecimento de percepções
Quando Indicada: comunicação ruim resulta em ignorância pluralista que bloqueia a eficácia.

POR CONFRONTAÇÃO

Palavra-Chave: clarificação de valores
Quando Indicada: os valores, com frequência não conscientizados, resultam em repercussões ou efeitos negativos e disfuncionais.

PRESCRITIVA

Palavra-Chave: dar respostas
Quando Indicada: o Cliente "jogou a toalha" ou "está nas cordas", incapaz de exercer iniciativa suficiente para mover-se. Não tem capacidade para agir eficazmente. Sente-se impotente.

SISTÊMICA

Palavra-Chave: percepção através da assimilação de teorias e de princípios–diagnose–ação.
Quando Indicada: o Cliente está pronto a mudar baseado numa orientação científica de resolução de problemas.

16. PARÂMETRO DE APLICAÇÃO DAS INTERVENÇÕES

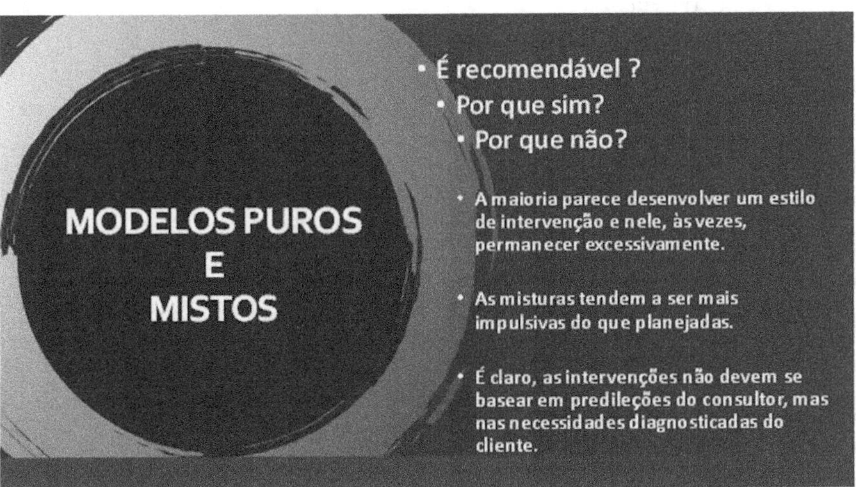

1. Monitorar constantemente;
2. Diagnosticar a cultura da equipe em que o cliente atua;
3. Diagnosticar/Identificar o momento (estágio) de desenvolvimento da equipe:

- Aquecimento;
- Crítica;
- Franqueza.

4. Diagnosticar o problema:

- Poder/Autoridade;
- Moral/Coesão;
- Normas/Padrões;
- Metas/Objetivos,

5. É necessário intervir? Será efetiva a intervenção?

6. Em caso de dúvida, não intervenha!
7. Se a intervenção favorecer a maior dependência, não intervenha!
8. A necessidade de intervenção é minha ou do Cliente?
9. Escolha a estratégia adequada de intervenção:

- Catártica;
- Catalítica;
- Confrontação;
- Prescritiva;.
- Sistêmica

10. A Intervenção é exceção e não a regra. Sempre!

PONTOS DELICADOS NA APLICAÇÃO DA INTERVENÇÃO

1. Transição entre o *approach teacher-tell* e como intervir sem tirar o controle do Cliente e, ao mesmo tempo, sem reduzir a participação e a motivação?
2. As intervenções são especialmente delicadas quando se está fazendo a transição para a aprendizagem instrumentada em equipe ou, se preferirem, metodologias ativas de aprendizagem.
3. Razões da Intervenção:

- Esclarecimento das tarefas;
- Falta de crítica;
- Falta de franqueza,

4. Quando Intervir?

- A equipe é capaz de se virar?
- Você pode ajudar?
- Se o fizer, será efetivo?

5. É importante observar que, muitas vezes, o Consultor tende a usar estratégias de intervenção não baseadas no que o Cliente precisa, mas na projeção que faz de suas próprias

necessidades, temperamentos ou estilos de liderança.

- Um consultor afirmativo tende a ser prescritivo;
- Um Consultor "Relações Humanas" tende a ser Catártico/Catalítico;
- Um Consultor intelectualizado tende a preferir ser Sistêmico.

REGRAS BÁSICAS

- Em caso de dúvida, não intervenha;
- Em caso de certeza de que é preciso intervir, pergunte: será que sou eu quem está sentindo a necessidade de intervir ou é o Cliente que realmente necessita?
- Monitore constantemente a fim de acumular dados/informações sobre o Cliente;
- E se as 3 regras acima não estiverem certas, apele para intuição. A sua experiência acumulada tende a lhe fornecer bons *insights*. Acredite nela;
- Não se esqueça: não importa quão competente um Consultor seja. Se ele só atua na base do *teacher-tell*, o Cliente não aprenderá com ele;
- Que tipo de intervenção um consultor pode fazer para provocar maior interação entre os membros da equipe?;

Eis aí alguns dos temas que o Consultor deve ter em mente para nortear sua decisão de intervir ou não intervir:

1. O problema é suficientemente grave a ponto de exigir minha intervenção? Ou será melhor deixar que os Clientes tentem resolvê-lo sozinhos?
2. A equipe dispõe de tempo suficiente para tentar uma análise crítica do problema?
3. A intervenção ajudaria os calados, até então ignorados, a expressarem suas ideias e sentimentos?
4. A intenção criaria a motivação necessária a um trabalho melhor e mais árduo?
5. Se eu intervir, deverei explicar por que faço ou, simplesmente, deverei ir em frente e fazê-lo sem me justificar?
6. Posso intervir de forma a conseguir que a equipe se responsabilize pela discussão do problema ou corro o risco

de fazer a equipe sentir-se derrotada?
7. Posso intervir de forma a solucionar o problema, ao mesmo tempo em que ajudo os membros da equipe a manterem ou aumentarem seu autorrespeito?
8. A intervenção propiciará exemplos ou a ilustração necessária de forma que os membros da equipe compreendam, em termos concretos, o que está sendo sugerido?

Independentemente da interação especial ou do problema de habilidade social, o Consultor tem que decidir se o problema é suficientemente agudo para justificar uma intervenção que facilite o desenvolvimento da equipe.

Para o uso efetivo de intervenção nos distintos modelos, é necessário que o Consultor seja franco e claro com os membros da equipe sobre propósitos das atividades e das tarefas que o processo de consultoria envolve. Ele não deve tentar exercer controle à guisa de ser útil. Por exemplo, um Consultor:

1. Não nomeia um líder para a discussão;
2. Não nomeia um secretário;
3. Não interrompe a discussão quando discorda do que está sendo dito;
4. Não interrompe quando ouve uma afirmação incorreta;
5. Não fornece pistas;
6. Não entra no mérito do que está sendo discutido, na condição de convidado, dizendo "eis o que penso";
7. Não atua como cronometrista;
8. Não sugere que se estabeleça questão de ordem, inclusive a votação, para esclarecer um ponto controverso, apresentando meios de manter a disciplina etc.

Todas estas coisas são feitas de uma maneira ou de outra nas reuniões de consultoria, principalmente quando se utilizam técnicas de discussão em grupo. De uma forma ou de outra, cada uma delas tende a querer o Consultor como responsável pelo que acontece. Ao contrário, num processo de consultoria em desenvolvimento de equipe, com alguma experiência, que inicia uma tarefa, os membros da equipe podem começar uma discussão mais ou menos espontânea sem que se designe alguém como coordenador. À medida que vão completando as etapas de desenvolvimento, podem sentir alguma necessidade de um líder ou secretário. O Consultor pode temer que a discussão fuja ao tema ou que a disciplina da equipe seja insuficiente ou que a exaltação dos ânimos signifique disputa destrutiva, quando nada disso é verdade. Os participantes podem levantar-se, "passear" ou encostar-se em suas cadeiras. Porém, isso não significa necessariamente enfado, frustração ou tensão, e sim pouco mais do que gastar energia em excesso ou uma indicação do envolvimento de quem procura fazer-se entender. É um verdadeiro desafio para o Consultor deixar que os clientes determinem a forma de trabalho em conjunto e, assim, expressar sua confiança na capacidade deles para agirem sozinhos.

COMPOSIÇÃO DA EQUIPE

A determinação da composição de equipe de trabalho em processo de desenvolvimento interequipes para a implementação de determinado projeto é outra das habilidades exigidas de um Consultor.

São os seguintes os pontos básicos a considerar:

1. A composição homogênea da equipe é melhor do que a heterogênea? Deve-se misturar todos os membros das equipes envolvidas em conflito ou se formam equipes separadas para a intervenção? Três aspectos deste tópico são:

   (a) compor a equipe com participantes de mesmo nível hierárquico de competência ou misturar participante de diversos níveis?;
   (b) em determinado assunto deve-se compor a equipe de "cobras" com outros que definitivamente não o são;
   (c) a equipe deve ser só de homens, só de mulheres ou mistas? Na prática, muitos outros aspectos do fator homogeneidade-heterogeneidade podem surgir.

2. Por quantas vezes um modelo pode ser repetido por uma mesma equipe?

Compor as equipes de forma homogênea, isto é, agrupar segundo as qualificações, o enfoque ou outros critérios, tende a ser benéfico quando a meta do desenvolvimento interequipes for a de dar oportunidade relativamente igual de pensar, analisar e aprender. Se, por exemplo, o modelo de Aprendizagem Instrumentada incluir algum conteúdo específico, o critério homogêneo de agrupamento consistiria em congregar em uma ou mais equipes aqueles que tivessem essa máxima habilidade e colocar em outras, os que tivessem uma habilidade razoável e ainda em outras os que tivessem uma habilidade mínima. Dessa forma, os mais competentes não seriam obrigados a diminuir seu ritmo. Qualquer uma das causas acima pode impedir a atuação efetiva da equipe, já que o ritmo de trabalho diminui quando se perde tempo demasiado na solução dos problemas de interação.

Quando isso ocorre, perde-se boa parte do tempo a ser dedicado ao desenvolvimento. Estas dificuldades tendem a ocorrer frequentemente, sobretudo nas primeiras horas, quando os participantes ainda não estão familiarizados com o processo de consultoria em que tentam realizar suas tarefas.

A reação de qualquer um frente a esses impulsos da equipe poderia se traduzir na afirmação de que "os métodos da consultoria são insatisfatórios, por darem margem a comportamentos negativos e quiproquós.

É ainda possível uma conclusão diversa, a de que este tipo de dificuldade também retarda a interação, mesmo nos mais altos escalões executivos. O Consultor não pode esquecer que não menos importante do que os objetivos da consultoria ligados ao conteúdo de qualquer fórmula de desenvolvimento em equipe é o objetivo social de facilitar a aquisição das habilidades interpessoais necessárias ao trabalho em equipe e interequipes aos participantes.

O maior obstáculo a ser transposto pelos consultores ao assumirem o papel de coordenador de aprendizagem no desenvolvimento de equipes é o de abandonar a responsabilidade pela aprendizagem de forma a permitirem que os Clientes a assumam, sem, ao mesmo tempo, abdicarem de responsabilidade pela administração eficaz dos modelos de aprendizagem por meio da aplicação dos adequados modelos de intervenção de consultoria.

É sempre inútil o desenvolvimento de integrantes da equipe que não podem contribuir com informações nem aprender com a participação numa tomada de decisão do tipo "eu-sozinho" ou "um-com-um".

Assim, embora alguns tenham pouco com que contribuir, se as atividades forem afetadas estarão numa posição de "precisar saber das coisas" e, assim, devem ser envolvidos, mesmo que seja mediante representação.

a. **Esclarecimento de Tarefas**

- A equipe mostra que sabe o que deve ser feito?
- A equipe tem conhecimento dos materiais a serem utilizados?
- A equipe está ciente dos parâmetros de tempo para a execução da tarefa?

b. **Participação Individual**

- Todos os integrantes estão presentes?
- Quais os integrantes que não estão participando?
- Quem lidera a equipe?
- Existe algum comportamento atípico?

c. **Atuação da Equipe**

- Qual é a direção ou padrão de liderança?
- Como são externadas as ideias e opiniões?
- Como são resolvidas as diferenças?
- Qual é a atmosfera?
- Que tipo de crítica a equipe se utiliza?
- Qual é a orientação para a consecução de objetivos?
- Qual é o grau de participação?

d. **A crítica é operacional**, o que é realizado (conteúdo) e comportamental, como é realizada (processo).

e. **A responsabilidade pela crítica não se circunscreve ao gerente.** Os demais membros da equipe poderão e devem também iniciar o processo de crítica e de avaliação. Embora os sentimentos não devam ser excluídos, a qualidade da crítica é melhor quando as argumentações e justificativas são baseadas em exemplos, dados e evidências. Subsiste sempre o risco da síndrome "de quem cala consente".

f. **Cada Cliente participa como gerente em 2 circunstâncias distintas**. Numa delas, integra uma equipe na qual ele e todos os demais membros são subordinados de um mesmo superior. Na outra, ele é o chefe da equipe, junto com os seus próprios subordinados.

Esta circunstância especial requer a compreensão integral do Consultor para essa condição de duplo papel de desempenho do Cliente.

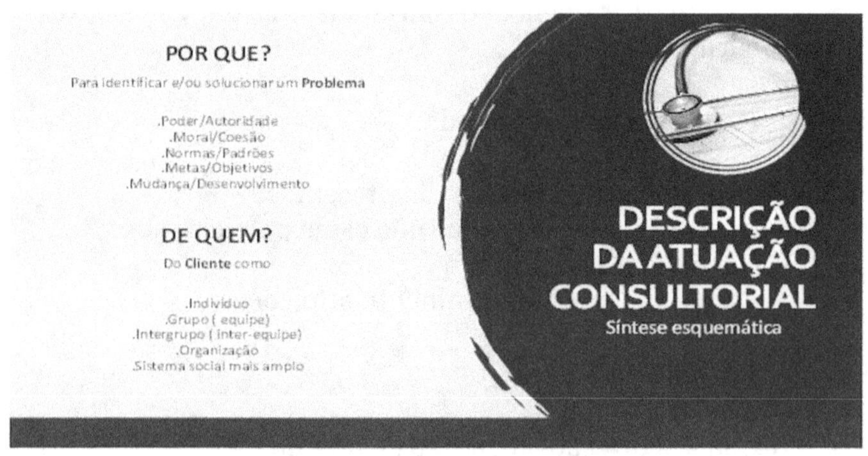

17. MODALIDADES DE CONTRATO POR ESTRATÉGIAS DE INTERVENÇÃO

I.   Quando os Consultores Firmam Contrato com seus Clientes;
II. Contrato sob a Orientação do Consultor Catártico;
III. Contrato sob a Orientação do Consultor Catártico;
IV. Contrato sob a Orientação do Consultor por Confrontação;
V.   Contrato sob Orientação do Consultor Prescritivo;
VI. Contrato sob Orientação do Consultor Sistêmico ;
VII. Referências Contratuais de Caráter Geral.

I. QUANDO OS CONSULTORES FIRMAM CONTRATO COM SEUS CLIENTES

Toda relação é baseada em expectativas. Às vezes, elas são explicitadas através de contratos formais, ou em palavras ou por escrito, que especificam o que deve envolver a relação. Muito frequentemente, os termos precisos não são definidos ou pelo menos são não-verbalizados e informais, porque as expectativas são difíceis de serem visualizadas no momento em que o contrato é firmado. Algumas vezes, aliás, é imprudente ou desnecessário ser específico.

Mas abundam os exemplos de contratos bastante explícitos. Estes são mais comuns nas organizações empresariais complexas, onde se fazem acordos intrincados, com palavreado técnico, entre duas empresas, entre uma empresa e um indivíduo, ou entre gerência e sindicato ou associações. Tais contratos podem especificar quem fará o que, a quem, até quando, por quanto. Muito menos específicas, as promessas de casamento são, contudo, contratuais também e indicam em termos amplos o que cada parceiro espera do outro. Ainda mais geral e normalmente não-escrito, exceto em termos dos estatutos legais, é o "contrato" de responsabilidade que os pais assumem pela criação dos filhos. O que a sociedade espera deles está mais claro quando se faz algum mal às crianças do que quando não há evidência flagrante de maus tratos que chamem a atenção.

Outros contratos são, frequentemente, implícitos ou baseados na compreensão intuitiva, como é o caso entre confidentes e amigos, e em algumas relações profissionais. Cada participante é livre para terminar a relação, unilateralmente, quando estiver insatisfeito; geralmente, não há base para emenda a menos que seja reivindicado um contrato verbal. É cada vez mais comum, por exemplo, para um médico fazer um contrato, verbal ou por escrito, com paciente, principalmente com relação aos resultados. Em termos de sua ética profissional, um cirurgião tenta ser concreto e específico com os pacientes quanto às circunstâncias médicas que enfrentam e o tratamento que provavelmente será adotado. A relação entre um advogado e o cliente geralmente é implícita porque, sendo as eventualidades o que são, a preparação de um contrato escrito em termos fixos é muito difícil, quando não inteiramente impraticável. Mas muitos são realizados. Há até os baseados nos ganhos objetivos por sucesso.

Pode-se dizer quase o mesmo no campo da consultoria. Às vezes, utiliza-se um contrato para especificar o caráter da relação. Frequentemente, o que a consultoria pode empreender é tão difícil de visualizar que a preparação do contrato, a não ser possivelmente para manter a ordem e por aspectos financeiros, não é tentada ou é deferida até a data posterior quando seria praticável. Um contrato não será mais necessário uma vez que a relação seja estabelecida e cada uma das partes tenha vindo a apreciar o que a situação precisa, através da intervenção. Assim, na história da consultoria, tem sido relativamente rara a preparação de contratos sobre o processo, apesar de terem sido característicos os esforços para uma compreensão mútua do que estará envolvido, a que preço etc.

Esta situação tem mudado rapidamente nos últimos tempos. Os termos da relação estão sendo mais explicitados e concretos através da sua discussão. Frequentemente são colocados por escrito. Existem motivos para isto. O mais importante é que o contrato pode ajudar, tanto o Consultor quanto o Cliente, a cristalizar suas expectativas quanto à relação. Desta maneira, a violação inconsciente de expectativas não-verbalizadas pode ser reduzida e o Consultor fica livre de exigências insustentáveis.

Uma grande limitação ao fazer o contrato é que o Cliente

pode nunca ter vivenciado muitos dos tipos de abordagens de consultoria possíveis; em outras palavras, o que acontecerá na relação não é compreensível para o Cliente no início da consultoria. Nestas circunstâncias, as palavras, sejam faladas ou escritas, têm pouco significado. Quando o contrato for possível, será desnecessário, pois as expectativas do Cliente quanto ao que o Consultor pode fazer e a compreensão do Consultor quanto às necessidades do Cliente terão sido esclarecidas e cristalizadas numa base aceitável de intervenção.

Há uma solução parcial até para este aspecto do problema. Envolve afirmar, em termos contratuais, o que a relação será no começo e deixar em aberto para negociações repetidas quanto ao que será, à medida que a relação evoluir. Enquanto se desenvolve a experiência, apressando a rapidez com que o Consultor e cliente aprendem a interagir, as expectativas são continuamente esclarecidas, como parte e parcela do trabalho do Consultor, pelo processo de renegociação. Alguns consultores afirmam que este processo de esclarecimento é inerente à consultoria eficaz em primeiro lugar e, portanto, não é um aspecto adicional provocado pela contratação; outros veem a importância da renegociação como um componente adicional que pode manter ambas as partes conscientes do que está ocorrendo e prontas para identificar e explorar alternativas não examinadas anteriormente.

O caráter de um contrato varia com a estratégia de consultoria, seja ela catártica, por confrontação, e assim por diante. O que se segue é uma descrição da preparação do contrato para cada uma destas principais orientações.

II. CONTRATO SOB A ORIENTAÇÃO DO CONSULTOR CATÁRTICO

O caráter da relação Consultor-Cliente envolvido na modalidade catártica de intervenção não é explicado em lugar algum melhor do que por Carl Rogers:

"A relação de aconselhamento é uma em que o calor da aceitação e a ausência de qualquer coerção ou pressão pessoal da parte do aconselhador permite o máximo de expressão de sentimentos, atitudes e problemas pelo aconselhado. A relação é bem estruturada, com limites de tempo, dependência, e de ação agressiva que se aplicam particularmente ao cliente e limites de responsabilidade e afeição que o Consultor se impõe. Nesta experiência única de liberdade emocional total dentro de uma estrutura bem definida, o cliente está livre para reconhecer e compreender seus impulsos e padrões, positivos e negativos, como em nenhuma outra relação". (Rogers, 1942, p. 113-14)"

Porque cada uma das relações é única, a Consultoria Catártica torna difícil a preparação do contrato. Poucos clientes tiveram experiência anterior com ela ou a tem vivenciado na vida cotidiana. Eles não sabem o que esperar e as palavras do Consultor fazem pouco por esclarecer a situação. Só após terem tido experiência com esta abordagem torna-se possível falar sobre ela com sentido. Porém, tentar ser explícito pode ter algum valor. O Consultor poderia dizer: "Em muitas relações, o 'especialista' toma a iniciativa em assistir aquele que busca ajuda para resolver os problemas para os quais se procurou ajuda. Outros consultores dividem a iniciativa com o cliente de maneira 'dá e toma'. Seria meu desejo que a iniciativa, na nossa relação, permaneça sempre em suas mãos. Eu oferecerei a ajuda e a assistência que possa dar, auxiliando-o a exercer a iniciativa ao lidar com a sua situação. Farei o melhor possível para compreender o que você está experimentando. Para que eu possa compreender de uma maneira que lhe seja útil, é importante que eu absorva o que você está tentando comunicar e que o faça de maneira não avaliativa e não partidária. Desta forma, pode ser que o nosso relacionamento lhe ofereça o tipo de segurança que possibilite explorar a sua própria experiência para alcançar percepções mais profundas do porquê você se sente como se sente; e, ainda, ver as oportunidades de mudança que possam não estar evidentes. Eu posso lhe sugerir experimentos úteis quando você estiver entrando numa experiência, mas a iniciativa para tomar parte e para interpretar a experiência é sua.

À medida que continuamos, você pode vir a vivenciar a sua situação sob uma nova luz, e, por sua vez, isto pode ter contribuição significante em como você se relaciona com os outros. Pode ser que por falar com eles, eu pudesse ajudá-los a ver a sua situação modificada. Mas, então, a iniciativa estaria passando de você para mim. A alternativa é que você retenha a iniciativa, comunicando-lhes a sua situação modificada como você a concebe agora ou mais tarde. Se você quiser, eu posso ajudar, proporcionando um lugar seguro para você se empenhar nas interações com pessoas que sejam significativas para você".

Esse tipo de afirmativa é apenas o começo de um contrato. Compreende-se muito mais do que se fala, no sentido de que o cliente aprecia o fato de que você não está para lhe dizer, de maneira diretiva, de conselho, o que deveria começar a fazer ou parar de fazer para lidar com o seu problema.

III. CONTRATO SOB ORIENTAÇÃO DO CONSULTOR CATALÍTICO

A preparação do contrato é um pouco mais fácil para o Consultor Catalítico do que para o Consultor que trabalha em linhas catárticas, pois os Clientes compreendem mais rapidamente a modalidade catalítica – está mais dentro da esfera do que acontece nos relacionamentos diários. Por exemplo, uma pessoa que tem um problema espera, nos contatos diários com os outros, que lhe perguntem qual é o problema e talvez o ajudem a esclarecê--lo. Eles provavelmente o farão de maneira a deixarem a responsabilidade da solução com o seu "Cliente". O efeito principal da intervenção catalítica do Consultor choca a percepção do Cliente sobre o seu problema, não através de "dizer-lhe" qual é, mas ajudando-o a testar a sua visão do problema.

A diferença principal entre as interações cotidianas entre chefe e subordinado na aplicação da abordagem catalítica é que a ajuda do Consultor vem da introdução de técnicas e procedimentos de coleta de dados para o desenvolvimento da percepção que não está em uso diário pelo Cliente. A perícia do Consultor, em outras palavras, permite que o Cliente verifique a sua percepção da situação de maneira que talvez ele tenha, eventualmente, conseguido apreender, mesmo sem as intervenções catalíticas para desenvolvimento da percepção, em ritmo mais lento. Com a nova percepção, ele pode ser levado a agir de maneira diferente, e com frequência, mais eficazmente.

O Consultor Catalítico pode abordar a sugestão de expectativas do contrato da seguinte maneira. Ele poderia dizer: "A maneira como vejo a minha possível contribuição é esta: primeiro, eu quero compreender o seu problema como você o define. Uma vez que tenha conhecimento disto, ou coletarei dados adicionais que lhe ajudarão a verificar a sua definição do problema, ou lhe darei assistência no projeto de procedimentos de medidas através dos quais você poderá testar a sua definição do problema. Eu lhe darei qualquer ajuda processual – tal como ajudar uma reunião a correr tranquilamente – que me possa ser pedida em termos da sua interpretação de dados ou seu cálculo das implicações de você lidar com a situação.

Se os dados recolhidos levarem a percepções verificadas ou alteradas, você pode querer que eu trabalhe com os outros para ajudá-los a verem a situação de maneira diferente. Estou preparado para fazer isto nas circunstâncias em que você autorizar".

O Consultor entra em alguns detalhes sobre estratégias para projetar uma "descrição de cargo genérica" de Consultor, neste caso chamado de contrato. Esta descrição de cargo cobre as expectativas sobre as relações Consultor-Cliente, onde o Consultor atua de acordo com a visão de que ele me contrata para lhe dar consultoria, enquanto ele está trabalhando no seu problema, ajudando-o para alcançar um diagnóstico melhor do que acontece e que passos devem ser dados para melhorar as coisas.

O Cliente pode estar agarrado à uma situação que lhe dificulta a vida e que pode ter três componentes principais:

1. Crise organizacional devido às pessoas que saem, absenteísmo excessivo, problemas de controle de custos, dificuldades orçamentárias, pressões do "chefe", conflitos interpessoal e intergrupal.
2. "Outros significantes" para o cliente, que estejam entre os seus pontos de mágoa ou de preocupação;
3. Assuntos pessoais, tais como a incerteza de que "o que eu tenho é o que quero".

Passando pelas categorias (1) e (3) acima, o cliente inicialmente, quase sempre busca a orientação sobre como lidar com os "outros significantes" que lhe estão incomodando. Ajudar o cliente a combater, de maneira melhor, os problemas mais pertinentes relacionados com a organização – por exemplo, aqueles inscritos sob (1) acima – é o negócio de "feijão com arroz" do Consultor. Como ele aborda isto? "... reunindo informações, conscientizando-se dos significados mais profundos, fazendo escolhas ..." que no processo ajudam o Cliente a:

1. Resolver o problema imediato;
2. Conscientizar-se do seu próprio estilo de enfrentamento das questões;
3. Adquirir maiores habilidades nesse enfrentamento.

Que tipo de contrato você desenvolve com um cliente na busca destes tipos de resultados? Primeiro de tudo, o cliente tem o direito de saber o que o Consultor espera fazer em termos do tempo investido em:

1. Entrevistas ou amostragem de pesquisa;
2. Organização de dados;
3. Reuniões com o cliente.

O objetivo da descrição de cargo é esclarecer as novas expectativas sempre que a situação mudar de maneira significante. Portanto, o contrato pode ser de duas horas, um dia, ou um ano, sempre sujeito à renegociação na base de momento a momento, e ao cancelamento com aviso de vinte e quatro horas de antecedência, sendo a cláusula uma reunião face a face primeiro.

Mais significante para a compreensão dos aspectos catalíticos nesta versão da relação Consultor-Cliente é a primeira intervenção, abrangendo as seguintes características:

1. Reagindo ao seu problema percebido, o cliente vê a intervenção como lhe ajudando a obter a compreensão e controle sobre ele;
2. A indicação de quem, quando, onde e porque, sendo "porque" a definição do cliente e não uma definição "conjunta" ou a tarefa do Consultor respondê-la;
3. Diagnóstico, baseado em algum tipo de informação recolhida; sendo o teste de "bons" dados é que aqueles que contribuem e são reconhecidos como críticos para suas vidas juntos, quando eu os conferir e desenvolver".

Muito do que foi descrito nesta relação Consultor-Cliente é baseado em pressupostos catalíticos, apesar de não completamente. É preciso reconhecer que, sob certas eventualidades, o

Cliente ou o Consultor podem forçar um "teste" de relacionamento. Estes testes, que levam a um aprofundamento da relação ou ao seu término, parecem ter um caráter mais confrontador, já que promovem uma troca "provocadora de emoção". Presume-se que valores e pressupostos mais básicos estejam sendo desafiados e quando estes desafios são bem-sucedidos, o cliente pode chegar a uma nova definição de sua situação à medida que os valores e pressupostos a descoberto coloquem o problema sob uma perspectiva radicalmente alterada.

Um exemplo mais amplo da abordagem catalítica é fornecido pelo Instituto Tavistock de Relações Humanas, em um dos seus primeiros projetos, na Glacier Metal Company. As soluções para várias questões de relações Consultor-Cliente foram incorporadas ao contrato em termos de que intervenções de consultoria poderiam ser feitas.

A quem deve ser delegada a responsabilidade da equipe do Consultor? Esta questão foi resolvida fazendo o Consultor reportar-se ao Conselho de Trabalho, um órgão permanente formado por sindicato e gerência, que por alguns anos vinha proporcionando a base para resolução de desacordos. Como tal, este era um órgão representativo eleito que não era nem controlado pela gerência nem dominado pelos trabalhadores. O Conselho de Trabalho apontou um subcomitê de projeto como sua fonte de contato com os Consultores de Tavistock. Concordou-se que só seriam reunidas as informações públicas.

Os Consultores podem recolher informações, e o fazem, em um nível e a devolvem para um nível mais alto onde se atua sobre elas. Esta estratégia enfraquece, em vez de fortalecer, a gerência. Ela reduz a comunicação entre chefe e subordinado e, frequentemente, cria a defensividade, a retenção de dados, e assim por diante.

A equipe de pesquisa evitou criar a suspeita de estar recolhendo informações secretas, sob a premissa de que só tem valor real a informação que pode ser livremente discutida. Em termos de projeto, foram empreendidos apenas aqueles que tinham aprovação geral das pessoas que provavelmente seriam afetadas pelos resultados.

Os aspectos catalíticos das intervenções para preservar a promessa de não haver segredos aos indivíduos e grupos foram baseados na ação da equipe de pesquisa somente em um papel orientador ou interpretativo. Como eles disseram, "Nada será feito nas costas de ninguém. Nenhum assunto será discutido a menos que representantes do grupo estejam presentes ou tenham concordado com o tópico levantado" (Jaques, 1951, p. 13-14).

Os consultores de Tavistock, em outras palavras, eram governados por regras fundamentais, que os colocavam num papel catalítico em relação à ajuda aos outros com os problemas operacionais da companhia.

A estratégia-chave ao escrever um contrato é transmitir ao cliente que a contribuição do Consultor está em dar assistência na definição do problema, através de abordagens de coleta e interpretação de dados. Isto contrasta com o exercício da iniciativa para impor ao Ciente uma definição do problema ou dar ao Cliente "respostas" quanto ao que ele deve fazer para retificar a situação.

IV. CONTRATO SOB ORIENTAÇÃO DO CONSULTOR POR CONFRONTAÇÃO

O Consultor por Confrontação enfrenta problemas ao escrever um contrato que são semelhantes àqueles encontrados na consultoria Catártica. Já que geralmente o Cliente é inexperiente com este tipo de abordagem. Ele realmente não está em posição de julgar exatamente o que o Consultor deve contribuir. Depois que o Cliente tiver bastante experiência, é menos necessário preparar um contrato: ou a relação termina ou continua.

Não obstante, no início do seu relacionamento, o Consultor pode fazer alguma coisa para especificar o que ele espera contribuir. Por exemplo, o Consultor pode dizer:

"Eu vejo que é minha função ajudá-lo a examinar e, em qualquer medida que você ache adequado, mudar os pressupostos e valores básicos que estão subjacentes ao seu comportamento. Eu não vejo como sendo minha função julgar a consistência ou correção dos seus valores e pressupostos. Uma vez tendo assistido-o a reconhecê-los, a minha tarefa é oferecer qualquer ajuda adicional que possa ser proporcionada, auxiliando-o a explorar as consequências daquela conduta sobre a sua situação.

Você não deve necessariamente esperar que eu aceite sua definição do problema que enfrenta ou sua interpretação das suas causas. Às vezes, você pode achar minha intervenção pessoalmente ameaçadora – não que esta seja a minha intenção – e você pode experimentar o ressentimento quando eu o desafiar sobre aquilo que eu observar que são seus valores e pressupostos.

Eu pretendo ser aberto e responsivo às suas reações tanto quanto eu for capaz de ser. Você pode esperar que eu faça o melhor possível para lhe fornecer evidências concretas e específicas quanto às justificativas para as intervenções que fizer, ou interpretações das consequências que lhe relatar a partir delas.

Eu não vejo como minha função dizer-lhe o que fazer ou lhe dar conselhos sobre alternativas ou possíveis melhores cursos de ação."

O Consultor por confrontação frequentemente explica, com antecedência que, enquanto o Cliente não revelar os valores e pressupostos implícitos em suas atividades diárias, não pode apontar que tipos de valores e pressupostos serão desafiados. Portanto, está faltando uma base experimental para interpretar este contrato. Uma vez que os valores tenham sido revelados e desafiados, o Cliente estará em posição de apreciar o caráter da consultoria e partir para escrever o contrato, dependendo da sua disposição para empenhar-se mais profundamente nesta abordagem.

V. CONTRATO SOB ORIENTAÇÃO DO CONSULTOR PRESCRITIVO

A abordagem prescritiva é a mais fácil das intervenções para se caracterizar em termos de contrato. Isto porque a prescrição está próxima às experiências diárias que as pessoas têm tido quando interagem com especialistas e autoridades sobre vários tópicos. O Consultor Prescritivo poderia dizer para o cliente:

"Eu gostaria de começar com a definição do problema e então estudar a situação do meu ponto de vista. No devido tempo, eu lhe fornecerei uma revisão das minhas constatações e recomendações de ações. Eu espero aconselhá-lo quanto às soluções para resolver a situação que você está enfrentando agora".

Por esta abordagem, o Consultor está em posição um tanto melhor para indicar a quantidade de tempo (e, portanto, o custo) exigido para estudar a situação, preparar um relatório, fornecer o conselho, e possivelmente supervisionar a implantação do plano.

A chave para a cristalização das expectativas do Cliente está na disposição do Consultor para tomar a iniciativa, fazer julgamentos, e dar respostas. Já que a tomada de iniciativa, o exercício do julgamento e dar respostas são característicos das relações no cotidiano de trabalho, o Cliente tem pouca dificuldade em compreender este contrato. O que ele não pode entender, quando concorda com o contrato, é a relutância que ele provavelmente venha a sentir em relação a agir sob as recomendações oferecidas.

VI. CONTRATO SOB A ORIENTAÇÃO DO CONSULTOR SISTÊMICO

De princípio, um Consultor Sistêmico acha difícil ser específico com o cliente quanto a que "contribuições" podem ser esperadas da intervenção. A dificuldade surge das características singulares desta modalidade de intervenção. É a única abordagem programada para ter um caráter educacional - isto é, o Consultor auxilia o Cliente a atingir a compreensão, baseada na teoria, da sua situação com base em percepções causais ou funcionais que permitam que dê passos sistemáticos de resolução de problemas. As teorias e princípios específicos que o cliente pode precisar aprender são o que torna difícil escrever um contrato. Enquanto há a compreensão, por todos, de como a educação pode ajudar o entendimento, muitos adultos de hoje se "desligaram" da aprendizagem escolar e ainda têm que participar da educação vivencial ou outras modalidades educacionais relativamente novas. Assim costumam reagir, por mais paradoxal que isto possa parecer.

Contudo, as linhas gerais do contrato são razoavelmente claras. O que o Consultor Sistêmico enfatiza ao abordar a preparação do contrato está resumido assim:

1. Chega-se a um consenso quanto ao(s) problema(s) a ser(em) abordado(s) através da aprendizagem pelo Cliente de teorias pertinentes;
2. O método de ensino (seja expositivo, de estudo de caso, metodologias ativas, aprendizagem instrumentada) é específico e são discutidas uma ou mais modalidades de intervenção para dar assistência ao cliente em aplicar as teorias e princípios na resolução de problemas determinados. A assistência ao avaliar ou fazer o levantamento da extensão da contribuição, da aprendizagem e implementação para a sua situação também pode ser dada;
3. Áreas adicionais que também possam se beneficiar com uma

abordagem semelhante podem ser adiantadas e anotadas para estudo em alguma ocasião futura como base de um trabalho maior, por exemplo, no conjunto da organização.

Ainda mais do que no contrato prescritivo, o Consultor tem uma base para antecipar quantas horas-homem estarão envolvidas na aprendizagem de teorias e princípios, as despesas, tais como materiais de aprendizagem, e o apoio necessário no local para a assistência à fase inicial de educação e implementação da Consultoria. O apoio durante as atividades de implementação mais demoradas é difícil de especificar em termos precisos.

Os contratos, sejam verbais ou por escrito, podem fortalecer o processo da Intervenção Sistêmica de formas úteis. A atividade envolvida na negociação de um contrato ajuda o Cliente a atingir expectativas realistas quanto ao que o Consultor fará ou não fará. A probabilidade de mal entendidos e desapontamentos no futuro pode ser assim reduzida, e o Consultor alcança percepções adicionais das atuais preocupações do Cliente, suas dúvidas e reservas, entusiasmo, incertezas, dependência excessiva e assim por diante. Estas observações podem ser úteis para diagnosticar como melhor proceder ao lidar com o Cliente.

Um segundo valor do contrato é que o Cliente pode colocar limites no que o Consultor faz por ele. Pelo mesmo raciocínio, se o que o Cliente está preparado para aceitar for visto pelo Consultor como inerentemente improdutivo, o Consultor não precisa aceitar. Testando a viabilidade da situação, assegura-se um passo firme desde o início.

Uma terceira vantagem do Contrato Sistêmico é o seu caráter flexível. As possibilidades de renegociação estão completamente abertas; os termos podem ser renegociados sempre que uma das partes o desejar. Por exemplo, um Cliente que inicialmente podia ter desejado ir devagar pode, uma vez que ganhe experiência útil, ver mérito em andar mais depressa. Em correspondência, aquele que começa a lidar com problemas de superfície pode ganhar a segurança e convicções essenciais para lutar com questões mais profundas.

Uma grande limitação da renegociação não programada, porém, é que esta predispõe o Consultor quanto a interagir com o Cliente em termos das necessidades sentidas. Já que o Cliente não reconhece as suas próprias necessidades latentes e é incapaz de compreender necessidades não definidas, até que o Consultor ou as teorias e princípios recém-aprendidos coloque-as em foco, talvez elas nunca sejam consideradas. Também, as iniciativas do Cliente ou do Consultor para negociar podem ser vistas pela outra parte como tentativas de violar o contrato e, portanto, provocar resistências. Mesmo assim, sem necessariamente concordar com uma base de necessidades sentidas para o contrato, o Consultor Sistêmico pode definir, com o Cliente, determinadas áreas de liberdade para exercer o julgamento profissional e para ajudar o cliente a tornar-se mais eficaz, descobrindo e resolvendo problemas reais – apesar de anteriormente desconhecidos.

VII. REFERÊNCIAS CONTRATUAIS DE CARÁTER GERAL

O contrato é a forma em que o Consultor e o Cliente podem desenvolver, mutuamente, uma base para a interação: o Cliente tem, portanto, expectativas quanto ao que ele quer se beneficiar com o processo de consultoria e o Consultor tem uma base para um período de trabalho com o Cliente.

No princípio de uma relação de consultoria, os consultores catárticos, por confrontação e sistêmico encontram dificuldades em "explicar" o caráter da sua intervenção, pois essas modalidades de intervenção, geralmente não se encontram normalmente no reino de experiências do cliente.

No contato inicial, é desejável, se for possível, que se demonstre o caráter da intervenção em vez de confiar nas explicações do que pode ser esperado. Destas três modalidades, o Consultor Sistêmico é o que tem maior facilidade para demonstrações. Ele pode aplicar os instrumentos na hora, apresentar a teoria para utilização de dados, e devolver os dados, dando ao Ciente uma ideia do que esperar e uma indicação do progresso possível na resolução de problemas. Já o Consultor Catártico, enfrenta a dificuldade de estimular o Cliente a expressar os sentimentos livremente. Se o Cliente estiver pronto para falar, isto não é problema; mas, se ele opuser resistência para fazê-lo, o Consultor enfrenta uma tarefa mais difícil de ilustrar para o Cliente como eles talvez possam se relacionar um com o outro. A dificuldade do Consultor por Confrontação é que geralmente ele precisa passar algum tempo apontando os valores e pressupostos do cliente antes de demonstrar para ele como os questionamentos do Consultor poderão ajudá-lo a tornar-se mais objetivo sobre compreensão da situação-problema.

O Consultor Prescritivo pode explicar com certa facilidade, com base na abordagem de um especialista, o que ele espera fazer e como pretende fazê-lo. Se as credenciais do Consultor fizerem sentido e sua apresentação demonstrar a compreensão do problema, não será difícil preparar o contrato.

O Consultor que utiliza uma abordagem Catalítica obtém a aceitação discutindo algum aspecto da coleta de dados, demonstrando o seu uso. Desta maneira, o Cliente pode verificar se os dados fazem sentido, ou não, à luz da sua própria situação e, com base nisto, decidir sobre a sua disposição para dar passos adicionais.

A ideia de elaborar um contrato psicológico para orientar a intervenção, frequentemente, é proposta como um aspecto importante da abordagem catalítica à consultoria.

Uma vez que o ponto de entrada tiver sido escolhido, o Consultor e o Sistema Cliente começam a negociar um contrato. No seu uso aqui, a palavra "contrato" infere mais do que um documento legal acordado no princípio do projeto. O contrato definirá como serão desenvolvidos os estágios seguintes do processo de mudança planejada. A ênfase está no processo contínuo de partilha de expectativas do Consultor e do Sistema Cliente, e no acordo quanto às contribuições a serem dadas por ambas as partes.

São as seguintes as principais áreas em que é importante o acordo quanto às expectativas entre as partes para que se possa desenvolver uma relação de trabalho eficaz: (1) as metas do Consultor e o Cliente para o projeto; (2) uma definição ampla do problema (a ser redefinido à medida que a relação progrida); (3) relação do problema com o sistema global; (4) recursos e capacidades do Cliente, aplicáveis ao problema; (5) recursos e capacidades do Consultor, aplicáveis ao problema; (6) modalidade ampla de abordagem ao problema; (7) natureza da relação Consultor/Cliente; (8) benefícios esperados pelo cliente; (9) benefícios esperados pelo Consultor; (10) capacidade de uma parte influenciar a outra.

Qualquer abordagem de contratos de consultoria é capaz

de estabelecer expectativas, tais como remuneração. Mas as abordagens que são baseadas em descobrir necessidades do cliente, ainda não descobertas, com frequência, dependem da compreensão tácita de que o julgamento profissional será exercido pelo Consultor – e respeitado pelo Cliente. Mais adiante, termos mais específicos podem ser estabelecidos, mas a esta altura um contrato é praticamente desnecessário.

18. CONSULTORIA DE CONTEÚDO VERSUS CONSULTORIA DE PROCESSOS

O Consultor de Organização é um profissional que tem competência especializada em fornecer apoio, recursos ou serviços a seus clientes. Ele não age, no entanto, sempre da mesma forma. Há diferentes estilos ou modelos de intervenção em Consultoria, sendo que o Consultor deverá adaptar o seu estilo ou utilizar o modelo que melhor atenda às necessidades do Cliente e à situação-problema.

Basicamente, há 2 tipos ou espécies de consultoria de organização: Consultoria de Conteúdo e Consultoria de Processo.

I - Consultoria de Conteúdo

A Consultoria de Conteúdo abrange um amplo espectro de especializações. Os profissionais que a adotam podem ser considerados especialistas técnicos.

Nessa relação de consultoria, o cliente pode estar consciente de que existe um problema em sua organização, mas pode ou não saber resolvê-lo. Quando o cliente domina inteiramente a situação, ele certamente tem todas as condições para obter o tipo de ajuda de que necessita. Às vezes, não resolve o problema por si só porque não dispõe de tempo suficiente, a solução requer conhecimento especializado, as condições de ambiência organizacional contraindicam a sua participação direta, "santo de casa não faz milagres", etc. Nesta situação, o cliente identifica o problema, tem a solução adequada e contrata um consultor para uma tarefa específica, cujos direcionamentos são dados pelo próprio cliente. Exemplos: elaborar um plano de cargos e salários, um manual de logística ou implantar uma sistemática de processamento de dados.

A Consultoria de Conteúdo tende a se confundir com a Estratégia de Intervenção Prescritiva.

II - Consultoria de Processo

O Consultor atua com o objetivo de melhorar o nível de comunicação e interação dentro da organização-cliente; desenvolver métodos de levantamento de dados e informações, identificação e resolução de problemas; facilitar o processo decisório organizacional; estabelecer e desenvolver padrões de atuação em equipe e de resolução de conflitos intergrupais.

Em que pese o fato de o Consultor de Processo ser um especialista em interação humana, ele não se constitui, de forma alguma, um "salvador das almas" ou um "solucionador mágico de problemas". O Consultor de Processo, em geral, é contratado para trabalhar como parte integrante da organização-cliente por um período certo. Atua como um facilitador, contando sempre com a participação ativa dos demais membros da organização. Ele tanto ajuda no diagnóstico e resolução de problemas, como no desenvolvimento de habilidades e recursos que o pessoal interno já possui, mas que não estão identificados, explicitados ou conscientizados.

Embora atue como parte integrante da organização-cliente, nem o Consultor de Processo nem a contratante devem perceber a sua posição como permanente. Sendo um experimentado colaborador externo, ele é capaz de ajudar a identificar problemas objetivamente, compartilhando responsabilidades com o cliente e respeitar as suas posições, muitas vezes por mais que não concorde com elas.

É verdade também que, usualmente, nos últimos tempos a utilização da Consultoria de Processo, realizada por pessoal interno das organizações, tem se tornado crescente.

A Consultoria de Processos tem mostrado ser altamente eficaz em ajudar organização-cliente a desenvolver padrões mais elevados de respeito mútuo, e a tornado capaz de solucionar automaticamente não apenas os problemas circunstanciais do dia a dia, como a antecipar às dificuldades futuras, procurando superá-las. A dedicação e o empenho dos indivíduos à organização e o seu compromisso e envolvimento com o trabalho que realizam muitas vezes os tornam mais abertos e francos, disposto a assumir os objetivos organizacionais e fazê-los aprender a trabalhar de forma mais colaborativa.

A menos que o Cliente saiba exatamente o que quer da Consultoria, ficará muito decepcionado com os resultados do trabalho. A falta de definição, ou mesmo, a violação de expectativas entre Consultor e o cliente costuma redundar em fracasso da relação de Consultoria. O verdadeiro problema do Cliente é que frequentemente ele não sabe o que quer, mas na realidade nem se espera que saiba. Tudo o que ele sabe é que alguma coisa está errada. No processo de consultoria, é fundamental ajudar o Cliente a definir o problema e só então decidir que forma de ajuda se faz necessária.

O Consultor e o Cliente devem atuar num trabalho conjunto de diagnose. A Consultoria deve abordar o cliente, sem a determinação precisa de uma missão ou necessidade. Atua na suposição de que a maior parte dos clientes têm probabilidade de se tornar mais eficiente se for capaz de identificar quais processos necessitam de aperfeiçoamento.

Nenhuma forma organizacional é perfeita, todas apresentam pontos fortes e fracos. É preciso o Consultor desenvolver no Cliente atitudes, ações e comportamentos com vistas à excelência de desempenho.

O Consultor deve evitar que o Cliente com o qual está trabalhando se lance num programa de ação, antes que haja real compromisso e envolvimento, empenho e dedicação entre as partes.

Os problemas serão resolvidos com maior eficiência se o Cliente indicar as saídas para as suas próprias dificuldades. O papel do Consultor consiste em ajudar a desenvolver atitudes de diagnose e de resolução de problemas, mas ele próprio não deve se envolver na solução do problema real.

A competência da consultoria é inteiramente diferente do modelo médico-paciente. Nesse modelo, o erro está com o médico, ou seja, o Consultor que ao elaborar o seu diagnóstico não estabeleceu um quadro de referência comum entre ele e o paciente. Isto é, não expressou sua opinião na mesma linguagem do seu Cliente. Se o Consultor realiza o diagnóstico enquanto o Cliente espera passivamente pela prescrição, é provável que surja uma descontinuidade na comunicação, o que pode transformar a prescrição numa opinião irrelevante.

- Relatórios e manuais que nunca são lidos e/ou implementados;

- "O Consultor é aquele que pede o relógio do gerente emprestado para lhe dizer as horas", como o lugar-comum no anedotário organizacional.

A consultoria de processo é aplicável na realização de uma diagnose conjunta e na transmissão ao Cliente de instrumentos, ferramentas e de atitudes para se autodiagnosticar.

O Consultor pode identificar, logo no início do seu trabalho, quais são os problemas do cliente e como eles podem ser resolvidos. Contudo, ele não os comunica prematuramente porque:

- Ele pode estar errado;
- Ele admite que, mesmo estando certo, o cliente pode se colocar na defensiva.

O cliente tem de aprender **a ver o problema por si próprio**, a participar da **elaboração do diagnóstico** e **a estar ativamente envolvido** na solução.

O Consultor de Processo tem que ter a competência de desenvolver no Cliente a habilidade em realizar diagnóstico e em manter com ele uma relação que o consiga ajudar. Ele não precisa necessariamente ser um especialista em produção, marketing, compras etc. Se há problemas específicos nessas áreas, o Consultor pode e deve não somente ajudar o Cliente a encontrar especialistas nessas áreas como também ajudar o Cliente a encontrar a melhor maneira de obter a ajuda desses especialistas.

LIMITAÇÕES SUBJACENTES À CONSULTORIA DE PROCESSO

- Os clientes geralmente não sabem o que está errado e necessitam de uma ajuda especial para diagnosticar quais são seus problemas;
- Os clientes geralmente não sabem que tipo de ajuda os consultores podem oferecer. Eles precisam ser ajudados para descobrirem que tipo de ajuda procurar;
- Muitos clientes têm uma intenção construtiva de melhorar a situação, porém necessitam de ajuda na identificação do que melhorar e como;

- A maior parte dos clientes pode ser mais eficiente se aprender a diagnosticar suas próprias forças e fraquezas;
- É pouco provável que o Consultor possa apreender o suficiente acerca da cultura da organização do cliente para sugerir, com segurança, soluções para seus problemas, a menos que desenvolva um estudo exaustivo e demorado.

Portanto, ele deve procurar trabalhar em conjunto com os membros da organização, que realmente a conhecem, por viverem nela.

- O Cliente tem de aprender a ver os problemas por si próprio, a participar da diagnose e a sentir-se ativamente envolvido na elaboração das soluções. Um dos papéis do Consultor é oferecer novas perspectivas para serem consideradas pelo cliente. Contudo, a tomada de decisão sobre essas alternativas têm de permanecer nas mãos dos clientes.
- O Consultor de Processo deve ser especializado no desenvolvimento de diagnósticos e no estabelecimento de um relacionamento que possa efetivamente ajudar o Cliente.

Assim, a Consultoria de Processo é um conjunto de atividades desenvolvidas pelo Consultor, que ajuda o Cliente a perceber, entender e agir sobre fatos interrelacionados que ocorrem no seu ambiente.

O Consultor de Processo é, antes de tudo, um especialista em processos humanos nos níveis individual, interpessoal e intergrupal. Sua especialização pode ir além dessas áreas, mas tem ao menos que as incluir.

A Consultoria de Processo se acha intimamente relacionada com a psicologia social, a sociologia, a antropologia e a gestão. Não é possível ser um bom Consultor sem aplicar as contribuições dessas disciplinas para a compreensão dos fenômenos organizacionais.

A Consultoria de Processo é a combinação das habilidades em:

- Estabelecer uma relação de auxílio, ajuda ou apoio;
- Identificar que tipos de processos buscar nas organizações;
- Intervir de forma a melhorar os processos organizacionais.

Se o papel do consultor é partilhar a diagnose com o Cliente, ele precisa se concentrar nos fatos observáveis que podem ser reconhecidos tanto pelo cliente como por ele próprio. Um dos maiores problemas dos consultores psicologicamente sofisticados é que eles interpretam corretamente para o cliente aquilo que está ocorrendo, mas a interpretação se acha de tal modo distante dos comportamentos manifestos que o cliente rejeita tanto a interpretação como o Consultor.

Se o Consultor apresenta suas próprias observações em primeiro lugar, ele está se esquecendo de que seus próprios filtros estão em ação e que ele pode estar dando informações que tem relativamente pouca importância ou que são reflexos de seus próprios preconceitos ou estereótipos.

19. COMO TIRAR PARTIDO DA EXPERIÊNCIA DO CLIENTE?

- Como Agregar Valor à Experiência?
- Crítica Sistemática;
- Aprender a Aprender;
- O Modelo Ideal *versus* Real;
- Clima do não Colaboração;
- Barreiras à Crítica Eficaz;
- A Confusão entre "Critique" e "*Criticism*";
- Crítica *Post Mortem*;
- Condições para o Efetivo uso da Crítica

COMO AGREGAR VALOR À EXPERIÊNCIA

Somos feitos de experiências? Sim, somos! Mas como somos? E o que fazemos com o que somos?

A experiência não é o que acontece com a gente, mas o que a gente faz com o que acontece com a gente.

Não basta ter muitas experiências, se elas não forem atualizadas, revistas, refletidas, validadas, criticadas, examinadas. Se não for assim, a experiência é apenas uma lanterna na popa que só ilumina o caminho percorrido.

Perceba que 20 anos de experiências pode somente ser 1 ano de experiência repetido 20 vezes!

Nenhum conhecimento precede a experiência. Começa por ela!

Não importa o que fizeram com você. O que importa é o que você faz com o que fizeram com você.

Oscar Wilde nos diz que "experiência é o nome que damos aos nossos erros". Mas pode ser uma enorme fonte de aprendizagens, dependendo de como a tratamos.

Voltar os olhos para o passado não é um exercício de arqueologia ou de saudosismo: ajuda a entender o presente e a projetar o futuro. Ajuda-nos a aprender a desaprender, a aprender a aprender, a aprender a pensar.

A vida não examinada não vale a pena ser vivida.

O mais das vezes a nossa experiência nos mantém aprisionados dentro de nossas caixas. O mundo nunca esteve tão aberto para nós, mas andamos cada vez mais como prisioneiros em nossas gaiolas particulares.

Ao sairmos da caixa, continuamos a perceber a realidade na nova caixa como se ainda estivéssemos na caixa anterior. É o círculo de ferro da mesma caixa que originalmente nos aprisiona. É a eterna e a pior das prisões.

Pautamo-nos, às vezes em demasia, pela experiência arraigada da velha caixa, o que nos faz projetar o futuro preso às circunstâncias experimentadas.

CRÍTICA SISTEMÁTICA

Uma habilidade essencial de todo profissional bem-sucedido é aprender a partir da experiência. Aprender com os erros do passado não é um processo tão fácil ou óbvio, como possa parecer. As pessoas tendem a insistir nos maus hábitos mesmo quando há evidências de que não estão obtendo bons resultados. Organizações se enredam em atividades contraproducentes e de autoperpetuação de ineficiências, a despeito de sugestões e observações que recebem para a correção de rumos. Falham ano após ano em manobrar com adequação a competição de mercado ou em equacionar seus problemas internos.

A crítica sistemática é uma forma de avaliar ações passadas e construir um plano para fazer melhor no futuro. É um processo objetivo de examinar a conexão causa e efeito. Uma prática comprovada de desenvolvimento de excelência de desempenho individual, em equipe ou interequipes.

A crítica sistemática não é um processo fortuito de aprendizagem a partir do erro ou do acerto acidental. É um processo deliberado, intencional e analítico de aprendizagem com foco na experiência vivenciada.

A crítica sistemática também contribui decisivamente para testar a adequabilidade de uma ideia ou de um projeto, para identificar recursos consistentes e para se antecipar na correção de problemas antes que efetivamente ocorram. É também uma maneira de se certificar se os padrões de desempenho desejados estão sendo alcançados. Permite igualmente a simulação à situação real antes que se transforme em realidade concreta, assim como a examinar experiências anteriores similares na alocação de recursos e na identificação de problemas.

Se você estiver desanimado em como desenvolver trabalhos em equipes, interequipes, ou mesmo de desenvolvimento organizacional, a incorporação da crítica sistemática é um elemento-chave na obtenção de bons resultados. Ela evidencia como reduzir a competitividade interpessoal em busca da colaboração, a como combater atitudes ganha-perde, a como exponenciar talentos e a como transformar divergências e desacordos em soluções convergentes no interesse de todas as partes interessadas.

Você encontrará uma variedade incomensurável de aplicações alternativas de resolução de problemas através da crítica sistemática como prática de melhoria de desempenho. A apreensão da crítica sistemática permanente como uma atitude individual e profissional o fará aprender a aprender como uma postura pessoal pelo resto da vida. Você nunca mais se conformará a "a conviver com situações difíceis" e a "tolerar questões insolúveis de desempenho". E quase todos os problemas e dificuldades com as quais se confrontará poderão revelar oportunidades visíveis, mas que não são vistas se não houver a aplicação da crítica sistemática como uma atitude pessoal e profissional diante da vida.

APRENDER A APRENDER

O que é aprendido pelo uso repetitivo e habitual da avaliação crítica passo a passo se incorpora, natural e sistematicamente, às pessoas e às suas relações interpessoais e interequipes, de forma a ajudá-las a desenvolverem uma percepção mais nítida e acurada sobre a dinâmica das interações organizacionais que promovem. Aprendem a aprender, aprendem a desaprender e aprendem a pensar as suas realidades como partes de seus cotidianos, em que a experiência vivenciada passa a ser o motivo da aprendizagem que funciona a partir do exame das diferentes questões da organização relativas à busca de metas/objetivos; ao contexto da moral/coesão prevalecente no ambiente do trabalho; ao desenvolvimento das normas/padrões estabelecidas nas práticas e procedimentos; e aos estilos de liderança e suas repercussões pelos usos diferenciados do poder/autoridade estabelecidos na cultura da organização.

O MODELO IDEAL versus REAL

A tomada de consciência da defasagem ou da discrepância entre o Ideal e o Real é o principal estimulador para mudança.

Se acho que a distância entre o meu Real é muito próxima ou mesmo quase superposta ao meu Ideal, tendo a relaxar, a ser mais complacente e, portanto, a incorporar uma atitude de desnecessidade de mudar.

No limite, propugno pela necessidade de mudar dos outros, não de realizar a minha própria automudança.

Esta lógica contamina naturalmente o meu desempenho de pessoa como profissional e de profissional como pessoa; influencia a equipe e as interequipes que integro em distintas instâncias; e, também, repercute sobre a própria organização a que pertenço.

Se é a atitude da não-mudança, da manutenção do *status quo*, da preservação da realidade cotidiana que preside o meu comportamento e a minha percepção diante da vida, muito pouco tenho a agregar. Já julgo que justaponho o que sou com o que acho que deva ser. Não há muito a fazer. Já sou muito bom, basta seguir adiante! Em geral, atitudes assim refletem um ponderável grau de autoengano e de autoilusão.

A estratégia de crítica e de avaliação do *gap* existente entre o Ideal *versus* o Real engaja e envolve todos num acordo de compromisso para a mudança. As circunstâncias ideais – não idealísticas ou irrealizáveis – serão desencadeadas sempre que se conseguir romper as amarras das práticas e precedentes, das tradições e dos hábitos, das normas e procedimentos consagrados, das imposições decorrentes da moral e da coesão prevalecentes, e dos estilos gerenciais e de liderança não conducentes à participação e à contribuição.

A consciência da defasagem entre o que se tem e o que se pode ter leva à transformação e à superação das dificuldades em planejamento e programação, na organização e gestão dos recursos disponíveis, ao desenvolvimento de pessoas, à direção e à liderança efetivas, e ao controle e à governança na ambiência corporativa.

A concepção e construção do Ideal devem ser estabelecidas pelos que estão encarregados diretamente da realização das tarefas e atividades. Assim, também, o diagnóstico do Real deve ser procedido por aqueles ao qual o problema pertence. Só eles são protagonistas capazes de identificar acuradamente as distâncias entre o que se faz e o como se poderia fazer, formular e implementar estratégias e ações que conduzam à superação dos obstáculos e das dificuldades, tirar maior proveito das vantagens e das forças estimuladoras à compatibilização de um com o outro, ou seja, do Real se transformar e se superpor ao Ideal.

As pessoas no desempenho de suas atribuições, o mais das vezes, há muito sabem como poderiam desenvolver melhor o que realizam; têm ideias, bem objetivas e práticas, sobre conferir novo sentido e direção à execução do cotidiano; facilmente compreendem e apontam o que já deveria estar acontecendo. As pessoas conhecem bem as suas realidades e as possibilidades práticas de aprimorá-las e até de mudá-las para muito melhor. Porém, também é verdade que nem sempre se dão conta disso.

Assim como outros modelos de avaliação e crítica, como o conhecido SWOT ou Campo de Forças, desenvolvido por Kurt Lewin nos idos de 1940, uma vez que o Modelo Ideal seja concebido e contrastado com o que se pratica no cotidiano, naturalmente, motiva-se todos a uma predisposição atitudinal de diagnosticar, avaliar, criticar, generalizar para outros casos e situações, interpretar e, finalmente, definir os passos e caminhos essenciais para avançar das atuais circunstâncias e práticas em direção ao que efetivamente deva ser feito.

Os novos parâmetros e diretrizes condensados pelo Modelo Ideal obtido por consenso passam a ser o alvo a ser alcançado por meio de práticas e de comportamentos mutuamente estabelecidos, a redefinição de metas e de objetivos, o conjunto de realizações a serem alcançadas.

As colocações em ação de distintos modelos de análise da identificação da discrepância entre o Ideal *versus* o Real costumam redundar, quando aplicados com adequação, em maior eficiência, eficácia e efetividade de desempenho individual, grupal, intergrupal e organizacional. É uma prática que deve ser incorporada à cultura do desempenho, *pari passu*, ponto a ponto na realização diuturna das interações de trabalho. Só assim poderá propiciar benefícios permanentes de melhoria. Ademais, evitam-se as aplicações *post mortem*, quando as circunstâncias de crise e de deterioração já aprofundam a necessidade de soluções dolorosas para a superação de um real indevidamente contaminado por falta de correção de rumos a tempo e a hora.

A consciência da defasagem estimula a mudança, motiva a prática de novos hábitos e comportamentos, renova metas e objetivos, propõe desafios e mudanças, compromete e estimula a participação e a contribuição, aumenta a empatia entre os interlocutores, estabelece uma nova cultura na equipe e confere maior sentido de autorrealização e motivação às pessoas.

CLIMA DE NÃO COLABORAÇÃO

Há, certamente, exceções, mas vários métodos de crítica sistemática se fundamentam na colaboração e na cooperação dos que estão envolvidos na experiência avaliativa. No entanto, a maioria as situações operacionais reais são presididas pelo modelo de relação autoridade/obediência, tais como aquelas que se dão entre chefe e subordinado, pai e filho, médico e paciente, e assim por diante.

É da tradição da autoridade/obediência, "do manda quem pode, obedece quem tem juízo", que a pessoa no desempenho do papel de supervisionado cumpra tudo o que lhe for atribuído. Por outro lado, também não é tradição da supervisão consultar os subordinados de forma participativa e de cooperação. Às vezes, tal colaboração apenas se dá quando a chefia desconhece o que e como fazer: a única forma que tem de equacionar o problema é buscar a contribuição do subordinado para tentar compreender a questão, sua natureza, extensão, impacto, origens e causas.

Por conta dessa tradição não colaborativa no planejamento, organização e direção das atividades nas quais as pessoas se engajam, pois normalmente se restringem apenas à execução, é particularmente difícil mudar de um modelo baseado em relações hierárquicas verticais diretas para um clima de colaboração, cooperação, de participação e para o desenvolvimento de uma cultura de crítica sistemática mais efetiva e contributiva.

Outra dimensão importante como obstáculo à construção de um clima de comprometimento e de engajamento na atividade de avaliação crítica decorre das premissas ou das suposições que as chefias, em geral, fazem sobre a natureza do homem na situação trabalho. Baseiam-se na concepção de que, na análise final do processo de avaliação crítica, os indivíduos como executantes são sempre responsáveis pelo que lhes acontece. Somente eles podem explicar o porquê das circunstâncias em que se envolvem e o porquê das coisas serem como são.

Neste tipo de atmosfera psicossociológica e de ambiente organizacional, a construção de condições objetivas favoráveis à crítica sistemática pode assim, algumas vezes, suscitar dúvidas e questionamentos sobre as razões e justificativas do sacrifício e do sufocamento das responsabilidades individuais em prol do interesse dominante da aprendizagem do tipo professor/aluno, de cima para baixo, de forma mandatória pelo chefe.

E aí, o modelo autoridade/obediência se reedita com toda a intensidade, agora sob a fachada da participação, da colaboração e da cooperação de todos.

BARREIRAS À CRÍTICA EFICAZ

O eficaz uso da crítica sistemática, particularmente quando o método utilizado inclui observação participativa e avaliação estratégica, costuma ser fortalecido pela contribuição de todos os envolvidos na discussão e na busca de concordância sobre a importância de redução dos obstáculos e das forças restritivas existentes. A consciência dos obstáculos se agrega à real possibilidade de que possam ser reduzidos ou mesmo eliminados.

À guisa de ilustração, vejamos algumas dessas barreiras:

- Os participantes podem se tornar tão envolvidos na resolução do conteúdo do problema que deixam de perceber a necessidade de avaliar a solidez e a pertinência do que examinam;
- Medo do fracasso por acúmulo de esforços e simultaneidade de atividades é, muitas vezes, a razão não declarada para deixar de realizar a avaliação crítica. Tal justificativa usualmente é irreal, um mero artifício justificador para deixar de fazer o que deve ser feito;
- O líder de uma equipe necessita reconhecer se suas arraigadas convicções pessoais não estão bloqueando a tarefa de avaliação;
- O líder já decidiu como as coisas devam ser feitas e pressupõe que a crítica impedirá que as medidas que julga pertinentes sejam tomadas;
- O temor de que o tempo consumido no processo de avaliação possa desencadear efeitos disfuncionais de perturbação e de desencontros entre os membros da equipe, até mesmo podendo sair da situação de controle
- A avaliação crítica pode mostrar que o curso de ação que vem sendo realizado possa conter equívocos, mas, no entanto, não ser capaz de apresentar uma alternativa melhor;
- O medo de que o processo de avaliação provoque impasse ou anomia no seio dos trabalhos em equipe, ficando ainda numa situação pior por não saber o que fazer, perdendo direção e sentido;
- Receio de que sentimentos interpessoais negativos possam aflorar durante o processo de avaliação, gerando antagonismos entre os membros da equipe, inflamando os ânimos e levando à destruição mútua da capacidade de cooperação e de colaboração;
- Os membros da equipe têm tantas restrições entre si que nenhum deles é capaz de se expor abertamente aos demais por temer se tornar alvo de censuras, repreensões e críticas negativas;
- Os participantes podem criar antecipadamente ante-

paros, escudos de proteção de defesas, minimizando os problemas, antes de se apresentarem aos demais colegas da equipe. Isto tende a criar uma fachada com aparência de franqueza e de autenticidade, mas a verdadeira abertura não ocorre por ser apenas dissimulada.

A CONFUSÃO ENTRE *"CRITIQUE"* E *"CRITICISM"*

Qualquer método que examine o que ocorre numa dada situação que requer a necessidade de avaliação crítica pode conduzir a reações emocionais não desejadas, tais como sentimentos de acusação, de censura e de repreensão.

A sensação generalizada costuma ser a percepção de estar sendo atacado. Quando as pessoas se sentem assim, provavelmente, tendem a reagir com irritação, raiva, hostilidade e defensividade.

O risco de tentar alcançar ganhos obteníveis por meio da construção de um clima de avaliação crítica negativa, para eventualmente extrair pontos obscuros, o mais das vezes faz com que o desencadeamento da raiva e da hostilidade resulte numa situação ainda pior, até inadministrável. Não há ganho real em desencapsular esses sentimentos num processo de avaliação crítica construtiva. Eis aí o *criticism* em sua faceta negativa e disfuncional.

Normalmente, benefícios precedentes apresentados *a priori* na avaliação são utilizados para evitar resultados negativos antecipados de sentimentos de irritação, de raiva e de hostilidade.

Aplique, sempre, a *critique* (crítica positiva) em vez do *criticism* (crítica negativa). A primeira constrói e avança a interação humana, a segunda a destrói e a faz retroceder.

CRÍTICA *"POST MORTEM"*

Traduzida diretamente do latim, a palavra *post mortem* significa "após a morte". Em sentido estrito, *post mortem* proporciona legalmente a principal forma de diagnóstico de determinação das causas da morte de alguém.

Utilizada no cotidiano das situações corporativas,

no entanto, a crítica *post mortem* pode ser definida como um sistema de informação de lições a serem aprendidas, pois proporcionam valiosas percepções, aprendizagens e constatações sobre a implementação de projetos, atividades e programas realizados e as possibilidades de obtenção de melhores desempenhos em eventos futuros. Avalia, assim, os impactos sobre o efetivamente realizado, não apenas sobre o que se pretendia fazer. Frequentemente, também são conduzidos para a coleta e análise de resultados estatísticos e atuariais com vistas a delinear um quadro de referências e de conclusões de causa e efeito para desenvolver ações preventivas que poderão ser tomadas desde já ou em algum momento no futuro.

Ocasionalmente, destaque-se, organizações e indivíduos institucionalizam a prática da crítica *post mortem* a quaisquer eventos significativos, mesmo, em especial, para aqueles de patente sucesso, logo que tenham ocorrido. Entendem que o sucesso é doce, que a nata do leite é a que primeiro azeda, que são os bons resultados que devem ser avaliados para se construir um desempenho cada vez melhor. O insucesso sempre leva ao rigor crítico – muitas vezes até ao rigorismo excessivo –, sendo as análises do mau desempenho normalmente realizadas. A crítica *post mortem*, habitualmente, é a avaliação natural esperada que os participantes realizam algumas vezes numa base "um-a-um", outras vezes em grupo ou "uns-com-alguns", logo após a conclusão de uma atividade ou pouco tempo depois.

Uma síntese de conclusões de como os participantes perceberam a experiência, os diferentes aspectos e dimensões de desempenho, a identificação de pontos fortes e fracos do realizado, e até a montagem de um quadro de referências e de interações que atuaram sobre a qualidade do evento, a natureza de seus resultados e dos *highlights* a destacar.

A naturalidade da crítica *post mortem* reflete uma necessidade corporativa de expandir as percepções e consolidar aprendizagens dos seus protagonistas e colaboradores antes que o clima do evento esfrie e caia no esquecimento. É o aprender com a experiência logo após vivenciá-la.

Como já disse, somos feitos de experiências e é preciso aprender com elas. Sartre nos diz, "não importa o que fizeram com você. O que importa é o que você faz com o que fizeram com você". A crítica *post mortem* possibilita, assim, que a experiência deixe de ser o nome que damos aos nossos fracassos, para nos beneficiar de uma enorme manancial de aprendizagens adquiridas a partir da análise da experiência vivida. É preciso aprender com a experiência, em especial com a experiência *post mortem*.

A experiência definitivamente não pode ser uma lanterna na popa que apenas ilumina o caminho percorrido. Voltar os olhos para o que se passou não é um exercício de arqueologia ou de saudosismo: ajuda a entender o presente, que sempre traz em si as raízes do futuro. Ajuda a aprender a desaprender, a aprender a aprender, mas, acima e antes de tudo, a aprender a pensar a realidade no sentido de intervir para transformá--la. Eis aí o objetivo central da crítica *post mortem*. Aprender com o realizado para não repetir os erros no futuro.

CONDIÇÕES PARA O EFETIVO USO DA CRÍTICA

A qualidade da crítica depende daqueles que são responsáveis pela construção de uma situação ou de uma ambiência ou clima que desencadeie o processo de mudança.

Uma característica significante que pode contribuir ou depreciar a qualidade da efetividade da crítica é a cultura existente no decurso de sua realização. Climas hostis de ganha/perde; ou de excessivo apoio e de suporte às relações interpessoais, como se todos constituíssem um grupo social e não prioritariamente funcional de compromisso com a tarefa; ou de negociação e de barganha perde/perde, em que todos dividem suas diferenças para não irem ao âmago das questões tratadas; ou mesmo um ambiente de desinteresse, descaso ou de distanciamento pela efetiva qualidade do trabalho, costumam propiciar respostas pouco informativas e úteis, mesmo pela aplicação das mais bem formuladas estratégias de avaliação e crítica. Os valores prevalecentes são infensos à abertura, à franqueza, à contribuição e à participação em busca da excelência de desempenho nos resultados do trabalho colaborativo.

Uma estratégia adequada é aproveitar o processo de crítica para reverter esses valores dominantes, a cultura de contaminação da realidade do cotidiano do cliente a ser avaliado. Como aproveitar a oportunidade do processo de avaliação e crítica para proceder a intervenção conducente à instituição de um conjunto de valores favoráveis à criatividade e à inovação, à mudança e à transformação, à construção de um clima interpessoal ganha/ganha, de abertura, de franqueza e de autenticidade comprometidos com a resolução de problemas e à autorrealização humana.

Cada participante-observador da crítica sistemática no decurso do processo localiza seus fantasmas, utopias, sonhos e fantasias segundo sua maneira de raciocinar e de perceber decorrentes dos elementos que traz em sua memória de socialização. O mundo percebido é fonte e limite do comportamento humano. A maneira como fotografo a realidade condiciona a maneira como eu me comporto. A percepção é fonte e limite do comportamento humano.

A única forma viável de se proceder à mudança efetiva nas organizações, vale dizer, em suas equipes e interequipes em interação, no ambiente interno e externo, em interinfluenciação com seus *stakeholders*, consiste em intervir em suas próprias culturas. Desenvolver os sistemas dentro dos quais as pessoas trabalham e vivem. A cultura é um modo de vida, um conjunto de crenças e de valores, uma forma aceita como legítima de interação e de relacionamento.

A ênfase restrita de desenvolvimento do indivíduo de per si, conquanto seja por demais importante, não proporciona o impacto decisivo e tão necessário para a renovação organizacional. Há que se tratar também da lógica de negócios e da ambiência cultural em que se processa a transformação. Um conjunto de participantes altamente eficientes e competentes não é condição necessária e suficiente para a constituição de uma equipe ou de uma organização igualmente competente e eficiente, se não houver colaboração, cooperação e sinergia no desempenho, de um com todos, de alguns com alguns, de todos com todos, e até de um sozinho legitimamente aceito nas ocasiões adequadas.

A crítica sistemática aplicada restritamente ao indivíduo como pessoa e/ou profissional, à equipe e às interequipes não pode jamais perder de vista este referencial, sob pena de colher frustrações e decepções por definir propósitos e expectativas acima de suas reais possibilidades.

Neste sentido, valho-me da necessidade fundamental do Consultor tentar desenvolver o diagnóstico e a identificação de quais feixes de ideias sobre a natureza humana aplicada às relações de trabalho o seu Cliente desenvolve no seu desempenho individual, nas equipes e nas interequipes que integra.

Nada mais prático do que uma boa teoria. Referencio-me a uma das mais essenciais concepções já produzidas pelos cientistas do comportamento humano, se bem que ainda até hoje mal compreendida e aplicada, pouco conhecida e distorcida por absoluta incompreensão ou desconhecimento.

Refiro-me à Teoria X e a Teoria Y, Douglas McGregor, em seu principal livro "Aspectos Humanos da Empresa", somente publicado em português pela Livraria Clássica Editora, de Portugal. A obra tinha o sentido de evidenciar como provavelmente ocorreria a influência de uma pessoa sobre a outra no dia a dia de trabalho.

McGregor somente se refere à teoria, chamando-as de X e de Y. Não pretendia lhes dar quaisquer conotações de valor, de certo ou de errado, de bom ou de mau, de melhor ou de pior, de verde ou de maduro, de amarelo ou de azul. Evitou, assim, qualquer julgamento valorativo ou expressão de preferência.

McGregor procurou denominações as mais neutras possíveis. Apenas identificou que existe um grupo de pessoas que pensam, sentem e, portanto, agem segundo os pressupostos do que chamou de Teoria X; e que outro grupo se movimenta segundo os pressupostos do que chamou de Teoria Y.

Esses pressupostos, que orientam as pessoas e fazem-nas tentar influenciar os outros, raramente são testados ou mesmo reconhecidos como tal por aqueles que os praticam. Constituem-se, assim, no conjunto de concepções e de percepções não-conscientizadas ou mesmo explícitas que condicionam o comportamento humano no cotidiano das organizações.

As pessoas agem como se as suas crenças sobre a natureza humana estivessem necessariamente corretas, fossem verdades absolutas que não requeressem qualquer revisão em particular ou que não pudessem ser submetidas a questionamento ou mesmo confrontadas.

Em geral, as pessoas nem se dão conta de que pode existir outros feixes de ideias, com repercussões distintas no comportamento humano nas organizações.

Em virtude do nosso comportamento tender a ser coerente com as nossas suposições ou pressupostos, as tentativas para influenciar os outros geralmente revelam algumas indicações, muitas vezes sutis e não necessariamente perceptíveis ou conscientizadas, de que pressupostos sejam esses.

A maneira pela qual interagimos com os circunstantes normalmente comunica o que sentimos em relação às suas competências e níveis de confiança.

As nossas suposições, crenças ou pressupostos sobre a natureza humana no trabalho são muito bem comunicados pela nossa linguagem corporal, posturas, pela maneira de dizer e olhar, pela tonalidade de voz e de acentuação de frases, bem mais até do que pelas próprias palavras que utilizamos.

As implicações dessas nuances, principalmente de que não confiamos nas pessoas, afetam o desempenho individual e coletivo. Os nossos pressupostos, aplicados à realidade concreta do trabalho, exigem submissão e proporcionam poucas oportunidades de desenvolvimento pessoal e profissional.

Na verdade, a nossa descrença nas pessoas frequentemente conduz ao que McGregor chamou de **profecia autorrealizável**, isto é, a baixa expectativa leva ao desempenho baixo e o baixo desempenho reduz ainda mais a expectativa, que redunda em pior desempenho, e, assim a espiral de perda de qualidade cai cada vez mais no desempenho individual e em equipe.

A baixa expectativa se confirma no baixo desempenho, o que gera maior redução de expectativa e a consequente perda ainda maior de desempenho.

A **profecia autorrealizável** gera uma consequência que tende a ocorrer apenas por ter sido enunciada. A própria enunciação, ou seja, a profecia transforma-se na causa da ocorrência do que se prevê ocorrer. O supervisor consciente ou não termina por profetizar o próprio desempenho de seus subordinados em função da expectativa de desempenho que tenha deles.

Diz a Teoria X: **"o trabalho é em si mesmo desagradável para a maioria das pessoas"**.

Ora, se assim for, as organizações devem desenvolver práticas e procedimentos, processos de trabalho que considerem efetivamente esta realidade. Toda uma construção lógica comportamental, portanto, de negociação, de intermediação e de argumentação, se dá em função daquilo que se acredita como verdadeiro.

A Teoria Y não diz que o trabalho é agradável para a maioria das pessoas. Ela diz: **"o trabalho é tão natural como o lazer, se as condições forem favoráveis"**.

Ora, se o trabalho é desagradável para a maioria das pessoas, como diz a Teoria X, toda a lógica da organização vai se voltar ao desenvolvimento de processos que induzam as pessoas a produzirem.

Diferentes práticas vão resultar daí em diferentes comportamentos, diferentes formas de negociação que levem as pessoas à realização de suas tarefas.

Já para os adeptos da Teoria Y, o desafio é como criar condições favoráveis para que o trabalho seja realizado.

Diferentes suposições sobre a natureza humana determinam comportamentos inteiramente distintos.

A Teoria X propugna por práticas organizacionais que induzam o indivíduo ao trabalho. Isto pode ser feito tanto por coação quanto por sedução, ambas em suas diferentes variantes.

Já a Teoria Y, prefere desenvolver ambientes e processos de trabalho que propiciem a participação e o engajamento daqueles efetivamente envolvidos na resolução das tarefas e atividades.

Diz a Teoria X: **"as pessoas, em sua maioria, não são ambiciosas, evitam correr riscos, assumir responsabilidades e preferem ser dirigidas"**.

Ora, se a maioria das pessoas é assim, compete à organização desenvolver ambientes, condições, cargos, atribuições, tarefas, atividades, processos de trabalho que reflitam esse conceito sobre a natureza humana no trabalho, que repercutam esta constatação, já que a tomam por verdade quase que de maneira absoluta.

A Teoria Y não afirma o contrário da Teoria X, não diz que a maioria das pessoas é ambiciosa, quer assumir responsabilidades. Apenas diz: **"o autocontrole, frequentemente solicitado no ambiente organizacional, se torna indispensável à consecução dos objetivos da empresa"**.

O autocontrole é possível desde que se desenvolvam ambientes de trabalho com as condições específicas para que ele se fomente, surja e brote. A função de um executivo que acredite nos pressupostos da Teoria Y será, então, desenvolver esses ambientes e processos favoráveis ou facilitadores ao autocontrole no trabalho.

Duas linhas de conduta emergem da Teoria X. Uma implica na compensação das deficiências humanas pela coação ou pelo constrangimento, ou seja, induzir as pessoas ao desempenho de suas funções por ameaças, punições, disciplina e estrito controle. A outra linha tenta seduzi-las ao trabalho através da concessão de gratificações, elogios, lisonjas e até mesmo manipulações.

Na primeira linha de conduta a organização busca obter resultados através da pressão ou da coação. Na segunda, busca obter os mesmos resultados pela via da sedução ou do encantamento.

Tanto numa linha de conduta como na outra está firmemente presente a descrença na capacidade humana de produzir. As duas acepções apenas se distinguem pelas práticas que utilizam para obter o que pretendem. Baseiam-se, no entanto, na mesmíssima suposição sobre a natureza humana no trabalho, apenas a expressam de maneiras distintas.

Embora bem diferentes nas duas maneiras de agirem, essas duas vertentes clássicas da Teoria X repousam no mesmo pressuposto de que o trabalho é antinatural para a maioria das pessoas que, assim, precisam ser induzidas à realização de suas tarefas.

O conceito gerencial sobre a natureza humana no trabalho tem decisivas implicações sobre o discurso e a prática adotada nas organizações, forma e conforma a sua lógica de argumentação, de intermediação de interesses e de negociação.

Diz a Teoria X: **"a criatividade e a iniciativa não são o**

forte da maioria das pessoas na resolução dos problemas das organizações".

Qual será a prática, então, de um gerente que se oriente por este postulado da Teoria X? Ele dirá: é preciso criar funções, cargos, atribuições, trabalhos, que não possibilitem a iniciativa já que a maioria das pessoas não é criativa, não tem iniciativa, quer apenas fazer "aquilo que está no gibi", manter as práticas habituais de realização das tarefas.

O que diz a Teoria Y sobre isso? **"A criatividade e a iniciativa são a tônica encontrada nas pessoas efetivamente envolvidas na resolução dos problemas".** O desafio da organização que caminha segundo esse pressuposto, que forja a sua lógica de comportamento, será como envolver, como comprometer, como engajar as pessoas naquilo que elas fazem, porque aí elas normalmente vão ser criativas e com iniciativa. Se você consegue fecundá-las com o trabalho, com o que fazem, naturalmente vão expandir os seus desempenhos.

Já a gerência fundada na Teoria X buscará tarefas estreitas e bem definidas, que não possibilitem criatividade e iniciativa, já que acredita inexistentes na maioria das pessoas. É preciso apenas, dizem os adeptos da Teoria X, definir bem as tarefas e encaixar as pessoas nelas.

A Teoria Y tem sido equivocadamente interpretada como se sugerisse que se as pessoas se orientassem a seu bel-prazer, no cumprimento apenas de seus próprios critérios, e, assim, tenderiam a apresentar resultados de desempenho bem superiores. Esta é uma distorção clássica do que seja aplicação de Teoria Y.

Em verdade, McGregor coloca que, sob condições adequadas de trabalho, as pessoas, e não necessariamente todas, poderiam se dedicar muito mais ao que fazem, com maior motivação, comprometimento e engajamento.

A coação e a manipulação, práticas conexas à Teoria X, são formas pobres de conduta pessoal e da ação gerencial para extrair níveis de excelência de desempenho dos colaboradores.

A verdadeira motivação advém de anelos internos, brota ou floresce de dentro das pessoas. Todo ser humano é um ser motivado. A motivação faz parte das pessoas. O problema, no entanto, é que nem sempre a motivação se volta para o trabalho. O mais das vezes se apresenta com mobilizações antiorganizacionais.

É preciso acentuar que o que está de fato envolvido não é uma mudança apenas tática do comportamento gerencial, mas efetivamente nos pressupostos, suposições ou concepções que embasam os comportamentos e as práticas adotadas pelos gerentes para a obtenção de melhores desempenhos individuais e em equipe.

Falamos de teorias, conscientizadas ou não, que embasam os comportamentos e a aplicação das práticas no cotidiano das organizações. Para se tornarem mais objetivos em sua ação, os gerentes precisam estar conscientizados dos pressupostos que orientam os seus comportamentos.

A diferença substancial entre a Teoria X e a Teoria Y se relaciona às crenças de cada uma sobre a natureza humana na situação de trabalho. Diferentes visões geram atitudes e comportamentos distintos. Determinam discursos e lógicas distintas de argumentação, de negociação e de administração do conflito e solução das divergências, de intermediação de interesses, de interlocução.

Todo ato gerencial se fundamenta numa teoria, consciente ou não. Nenhum comportamento é fruto do acaso, despropositado. Toda ação humana tem propósito. O ser humano é sempre motivado. Tem sempre um motivo, mesmo que muitas vezes não tenha consciência dele.

A tarefa tem que ser em si motivadora, levar a compensações psicológicas. O desinteresse é consequência e não causa. O equívoco reside em diagnosticar as causas pelos efeitos. Diz-se que fulano é assim sem verificar o porquê, quais as causas da desmotivação ou do seu desinteresse.

As causas podem ser internas, de onde advém a verdadeira motivação, e causas externas, que são os estímulos ou incentivos, que só se sustentam enquanto estiverem presentes.

Os estímulos externos são como uma bateria enquanto a motivação advém de dentro, como se a pessoa que realiza a tarefa dispusesse de seu próprio gerador.

O pressuposto fundamental da Teoria Y é acreditar que o ser humano seja intrinsecamente um ser motivado. Não há pessoa sem motivo. São os motivos de cada um que o mobiliza a agir, a buscar realizá-los.

O desafio gerencial é compatibilizar os motivos das pessoas ao trabalho que realizam. Como encontrar o denominador comum de trabalhos que disparem as necessidades de realização de cada um, que sejam capazes de satisfazer os seus motivos.

As potencialidades sufocadas são obviamente liberadas em outras direções, em atividades de lazer ou de *hobby*, em fins de semana ou mesmo em atividades antiorganizacionais.

De fato, grande parte da prática empresarial exerce um efeito desmotivador sobre os empregados, levando-os a comportamentos antifuncionais. Muitas dessas práticas gerenciais são colidentes com a natureza humana, acreditam os adeptos da Teoria Y.

A Teoria X não é a antítese da Teoria Y, mas apenas diferente. A grande força da Teoria Y está principalmente em negar o que a Teoria X afirma, e não em afirmar o contrário.

É um erro presumir que os valores da gerência sejam compartilhados por aqueles que implementam políticas, procedimentos e processos de trabalho. Frequentemente não o são. Os valores e a lógica das gerências constituem uma espécie de teoria não formalizada, inconsciente muitas vezes, sobre a natureza humana e as estratégias adequadas para lidar com ela.

As pessoas não reagem a um mundo objetivo, mas ao mundo das suas percepções.

As percepções condicionam significativamente os comportamentos. O mundo percebido é fonte e limite dos comportamentos.

Portanto, as pessoas não são lógicas como os computadores, são psicológicas. E, assim orientam-se por razões e emoções que se interinfluenciam permanentemente.

Outra questão que se coloca é como superar a disjuntiva: a) produtividade possível a curto prazo *versus* produtividade possível a longo prazo.

Qual é a melhor para tanto, a Teoria X ou a Teoria Y?

Na primeira alternativa, certamente se destaca a incentivação, quando o movimento ou o trabalho realizado é obtido enquanto os gerentes estiverem tomando conta ou a ação do incentivo estiver presente.

Na segunda alternativa, os defensores da Teoria Y propugnam que se terá, aí sim, a verdadeira motivação por intermédio de uma produtividade autossustentável.

Ou seja, na primeira alternativa a produtividade só persiste enquanto a supervisão estiver policiando o trabalho realizado. Na segunda alternativa, a produtividade persiste sem o policiamento da supervisão, já que decorre da predominância dos valores sobre os executores, ou da assimilação desses valores e na autorrealização pelo que fazem.

Para a Teoria Y, o talento, a iniciativa e a criatividade estão amplamente distribuídas nos ambientes organizacionais. Podem ser facilmente obtidos desde que enriqueçam as tarefas, deem conteúdo, sentido ou significado ao que o executante realiza. O trabalho, em si mesmo, é o elemento motivador.

As técnicas, os métodos, processos e até os modismos podem estar fundamentados nos pressupostos ou suposições da Teoria X ou da Teoria Y, dependendo dos valores que estão implícitos ou explícitos em cada um deles.

Isto vale para programas de treinamento, de avaliação de desempenho, de merecimento, planos de cargo e salários, de benefícios, e todos os demais na gestão de pessoas.

As TX e TY não são padrões de administração, mas conjuntos de pressupostos sobre a natureza humana no trabalho. São estratégias e não técnicas ou práticas gerenciais. São concepções que sustentam os comportamentos gerenciais no mundo do trabalho e no universo das organizações.

Suspeito que haverá sempre um número de pessoas que só trabalhará segundo os pressupostos da TX. Por quanto tempo?

Responde a TY: é preciso conhecer pela experiência para, só então, identificar quem são, de fato, essas pessoas. Não se pode responder com base no resultado do preconceito, mas da constatação factual, caso a caso.

Ademais, diz a TY:" O HOMEM É UM ANIMAL QUE CRESCE E APRENDE". Ou seja: papagaio velho também aprende a falar. O gerente Teoria Y não é um "salvador de almas", mas alguém que acredita que os seus pressupostos acarretarão melhores desempenhos. É preciso, assim, "pagar pra ver" e, portanto, avaliar se vale ou não a pena tentar, caso a caso com cada um dos colaboradores. E, só então, decidir com base na experiência factual vivenciada.

Para a Teoria Y, o profissional não aguenta fazer aquilo em que não acredita apenas porque é bem pago. Se não consegue mudar o que faz e o como o faz, o colaborador vai exigir cada vez mais benefícios e vantagens para compensar o incômodo de realizar tarefas sem sentido e insossas, que não tenham significado ou importância intrínseca para si. Vai ampliar crescentemente a demanda por compensações psicológicas que atenuem a carga de um trabalho concebido como o "divino castigo".

O risco da aplicação dos postulados da Teoria X reside no desenvolvimento da gratidão pessoal e não à organização. Isto se dá especialmente quando o supervisor é "o boa-praça", o "maciota" ou o "vaselina", trata bem os empregados, foca primacialmente as relações sociais dos membros de sua equipe, sempre os seduz e os encanta. Acredita que assim consegue extrair melhores desempenhos de todos e de cada um. Busca através do fomento das relações sociais agradáveis suprir as necessidades de relações funcionais e de obtenção de resultados.

Já o risco da Teoria Y é a deformação do gerente pretender ser um "salvador" de todo mundo, um missionário, um recuperador das "almas perdidas", alguém capaz de extrair de todos os subordinados a melhor de suas contribuições. E para tanto, se dedica com afinco e empenho, a despeito dos custos inerentes que tais práticas possam ocasionar nos resultados organizacionais.

O executivo não é um agente de ação social, mas um agente de desenvolvimento econômico em exercício na organização. Acredita que os postulados da Teoria Y são mais consentâneos com as organizações da sociedade do conhecimento em busca da excelência do desempenho e da produtividade.

Outro risco da Teoria X é a desmoralização do grupo, a perda do autorrespeito, a prevalência de um clima de inautenticidade, o que se dá tanto quando a Teoria X se efetiva pela via do porrete, que redunda no autoritarismo e na gestão totalitária, tanto quanto a Teoria X se realiza pela manipulação e pela política do "tapinha nas costas".

Se quiser que um cachorrinho se movimente, você pode dar um chute no traseiro dele ou balançar um ossinho à sua frente. Em ambas as situações ele vai se movimentar. Como no chute ele pode se virar e lhe morder, analogicamente as gerências TX preferem balançar o ossinho, ou seja, sempre oferecer perspectivas, aumentos ou benefícios aos seus colaboradores como uma forma de obter deles o melhor desempenho.

O comportamento de um dirigente é contaminado principalmente pelas vivências que o tornaram uma pessoa humana única. Ele age segundo as suas "verdades" construídas ao longo de sua trajetória existencial. Normalmente reage em confronto ou diante de outras "verdades" que não lhe seja afim. E, como tal se comporta, sente, percebe e decide em relação aos fatos do cotidiano.

Não se pode deixar de destacar, também, a enorme contribuição ao desenvolvimento da ciência do comportamento humano no trabalho trazida pela estrutura da Hierarquia das Necessidades de Maslow, que aponta para a complexidade e a diversidade humana: necessidades fisiológicas, necessidades de segurança, necessidades sociais, necessidades de autoestima e necessidades de autorrealização. É a estrutura piramidal das necessidades que determina o nosso comportamento. O que motiva não é a necessidade satisfeita, mas a busca pela realização da necessidade insatisfeita.

As Teorias X e Y têm marcada presença nesse contexto de necessidades. Para a Teoria X as pessoas são motivadas pela busca de satisfação de suas necessidades básicas. Para a Teoria Y não basta o atendimento das necessidades básicas, há que se considerar as dimensões mais complexas do ser humano relativas às necessidades mais elevadas apresentadas por Maslow.

As necessidades básicas são apenas preventivas e ambientais, melhoram o meio ambiente, mas não evitam que as pessoas fiquem doentes. Se não houver satisfação delas, as pessoas estarão necessariamente desmotivadas. Se houver a satisfação, no entanto, as pessoas não estarão desmotivadas, mas também não estarão motivadas. O que motiva o ser humano no mundo das relações organizacionais tem a ver com o próprio trabalho, com aquilo que o indivíduo faz. O que desmotiva tem a ver com a forma como o indivíduo é tratado.

Uma pessoa bem remunerada, mas que realize um trabalho insosso, vazio, não desafiador, quererá mais dinheiro para realizar fora do trabalho o que lhe dá prazer.

Para a Teoria X, a motivação ocorre apenas ao nível das necessidades básicas, sobretudo de segurança. Então, se fundamentalmente a motivação das pessoas consiste na busca pela satisfação de suas necessidades de segurança, ou seja, salário, recursos, condições, estabilidade no emprego, isso tudo vai levar a organização a ter uma lógica de sustentar o seu discurso e a sua prática em função das necessidades básicas já que as pessoas são motivadas fundamentalmente pela busca da satisfação de suas necessidades básicas.

Já a Teoria Y não diz o contrário disso. Ela diz: "**a motivação ocorre tanto ao nível das necessidades básicas quanto ao nível das necessidades sociais, de autoafirmação e de autorrealização**". Quer dizer, o ser humano não seria aquele personagem do Adam Smith motivado apenas pela busca de seus interesses materiais diretos. O ser humano é mais complexo: ele se motiva também, além das necessidades estruturais, básicas e imediatas, quando consegue sentir-se bem e em segurança na organização ou sentir segurança no emprego, mas também pelas motivações mais elevadas do espírito humano, vinculadas essencialmente às necessidades de autorrealização, que basicamente no trabalho são decorrentes daquilo que o indivíduo faz.

E, finalmente, a Teoria x diz: "**a maioria das pessoas deve ser rigorosamente controlada, e frequentemente induzida a realizar os objetivos da organização**".

Ora, se a maioria das pessoas deve ser rigorosamente controlada e frequentemente induzida a realizar os objetivos da organização, as funções gerenciais consistiriam em como controlar e induzir as pessoas a realizarem os objetivos da organização.

Quer dizer, teoria é teoria. Prática é a consequência dessa teoria. O comportamento reflete este conceito. A Teoria Y não diz isso. Também não diz o contrário. Ela diz: "**as pessoas podem ser criativas e se autodirigirem no trabalho, se adequadamente motivadas**. A questão é o "se adequadamente motivadas". A lógica de argumentação do gerente que se orienta pelos pressupostos da Teoria Y seria "como motivar adequadamente as pessoas".

A Teoria X e Teoria Y são feixes de ideias, são padrões de reflexão sobre a natureza do homem no trabalho. Não são feixes de comportamentos. Mas, é claro: a teoria predominante de cada indivíduo determina o seu comportamento, a sua prática gerencial. E assim fica muito claro: nada mais prático do que uma boa teoria. E cada teoria é boa não por ser a nossa, mas por se valer de sólida fundamentação científica. E você, caro leitor, quais são os pressupostos que embasam o seu comportamento gerencial, Teoria X ou Teoria Y? Ou você optaria pela mistura das duas, pouco percebendo que ao fazê--lo estará dividindo preconceituosamente o mundo em duas porções: para você e seus colegas gerentes comprometidos e motivados, aplicam-se os conceitos da Teoria Y. Para os demais, para os colaboradores indolentes, é preciso a cenoura ou o chicote da Teoria X. Lembre-se: Lévy Strauss há muito nos ensina que a natureza humana é permanente e universal. Portanto, o seu colaborador não é diferente de você, por mais que isto lhe surpreenda.

E, assim, podem-se aprofundar bem mais os conceitos da Teoria X e da Teoria Y aplicados ao cotidiano das organizações, analisando a diversidade de comportamentos em que essas duas concepções distintas, mas não antagônicas, sobre a natureza do homem se consagram no mundo do trabalho. Que implicações têm cada uma delas nas diferentes dimensões e funções da gestão empresarial moderna?

A verdade é que as distorções de compreensão da Teoria X e da Teoria Y, do que cada uma delas significa e expressa têm gerado mais confusão do que equacionamento adequado na formulação dos papéis e funções do gerente nas organizações.

Voltar ao estudo e à prática da enorme contribuição dialética de McGregor com as Teorias X e a Teoria Y, tão mal compreendida pela maioria daqueles que ensinam administração em todo o mundo, talvez possa significar avanços substantivos na gerência das organizações nos tempos presentes.

A Teoria X e Y, de Douglas McGregor, é mais um dos elos perdidos das ciências do comportamento humano nas organizações que precisam ser resgatados para o bem do mundo do trabalho e o universo da sociedade. Isto é parcialmente relevante no momento presente em que os estudos da gestão das organizações na penumbra do esquecimento, ao ignorarem os avanços obtidos há poucas décadas passadas, vivem um obscurantismo sem precedentes, que se agrava por ser travestido de cientificidade e da modernidade tecnológica.

20. EPÍLOGO

O Consultor precisa tirar o maior proveito possível da experiência do Cliente no sentido do seu desenvolvimento como pessoa e como profissional, como membro das equipes e das interequipes em que atua e, particularmente, da própria organização em que trabalha.

A intervenção do Consultor, explorando a experiência do Cliente, é o ponto de largada do processo de mudanças das diferentes instâncias organizacionais.

O desenvolvimento organizacional é a resposta do Consultor ao Cliente, à necessidade de mudança, uma estratégia educacional de transformação de crenças e de atitudes, de valores e de estruturas, de processos e de procedimentos, de modo que organização-cliente possa melhor se adaptar aos novos mercados, tecnologias e desafios.

O Consultor deve, assim, estabelecer, por adequadas intervenções junto ao Cliente, uma estratégia educacional de mudança planejada. Este é o auge profissional a que pode chegar um Consultor de Organização na realização de seu mister. E, pode, assim, deixar a organização-cliente com uma cultura consolidada de autocrítica sistemática e permanente, centrada na lógica empresarial e no desenvolvimento humano colaborativo.

Muitos Clientes, equivocadamente, atribuem enorme valor à quantidade de experiência. A experiência, para efeito da eficácia profissional, é um conceito qualitativo. O que valida a experiência é a aprendizagem que dela derivam as novas percepções e competências acumuladas adquiridas.

Não há quem conteste a assertiva de que toda experiência, positiva ou negativa, enseje um potencial enorme de aprendizagens. No entanto, amiúde, negligenciamos todo o tempo, nas mais diferentes situações, a reconhecida participação da experiência como elemento chave de incorporação de aprendizagens. Normalmente, o cliente carece de competência técnica e atitudinal de processar em conjunto com seus circunstantes a experiência individual, colaborativa e coletiva.

Desde cedo, nos acostumamos ao trabalho essencialmente individual, unilateral, tanto em termos de produção quanto de controle. Estudamos para fazer provas e obter notas. Transcrevemos conceitos ouvidos antes em sala de aula, revistos e reavaliados depois por eles que os emitem numa relação professor-aluno. E, de fato, a única avaliação é sobre a eficácia da comunicação do que foi dito e o nível de memorização de quem ouviu. Há exceções, é claro, mas esta é a regra.

Não há um processo para avaliar e aperfeiçoar a aprendizagem a partir das circunstâncias existentes de tantos recursos disponíveis pelas tecnologias de ponta propiciados pela economia 4.0. Aprendemos a repetir, não a repartir. Aprendemos a desaprender e a aprender a aprender, mas não aprendemos a pensar: quem aprende a pensar, aprende a desaprender e aprende a aprender.

Todo Consultor é, acima de tudo, um educador. E, como educador, ele deve atentar-se para não incidir no erro da maioria de seus colegas acadêmicos: é preciso que na relação Consultor--Cliente seja instalado um clima de aprendizagem no qual a experiência do cliente seja a fonte mais abundante e a crítica sistemática a ferramenta mais adequada à sua exploração.

No mundo das organizações, o desempenho das equipes e das interequipes de trabalho exponencia a ausência da crítica como mecanismo vital de desenvolvimento. As relações ganha/perde, a falta de apoio recíproco ou os conflitos antagônicos e não cooperativos, normalmente, contrapõem os objetivos individuais aos organizacionais. Perdem todos a visão e o sentido de missão por não se valerem da crítica sistemática como o melhor processo de aprendizagem através da experiência.

Não há dúvidas, a nova realidade das organizações contemporâneas, a 4ª RI pertence àquelas que souberem otimizar a utilização produtiva do conhecimento acumulado através da experiência como fonte de aprendizagem.

Eis aí alguns dos mais relevantes benefícios proporcionados pela crítica sistemática a serem incorporados pelo Cliente em um frutífero processo de intervenção de consultoria no âmago da cultura organizacional.

- Incentivar um estilo de liderança genuinamente cooperativo, participativo e contributivo;
- Romper o círculo vicioso de autoengano e de autoilusão

normalmente responsável por comportamentos de aco-
modação, de "dourar a pílula", de falta de busca e de compromisso com propósito, metas e objetivos mais elevados;
- Enriquecer o processo decisório mediante um processo
de diagnóstico de causa–efeito, de causação circular de
origens e de repercussões, mediante a consideração geral
e específica proporcionada pelo *feedback* imediato;
- Aumentar a velocidade e as possibilidades de retificação
de processo de trabalho, de práticas e procedimentos, de
atitudes e de comportamentos, com redução de custo,
maior comprometimento de todos, e com ganho efetivo
de melhores resultados;
- Facilitar a integração e a justaposição entre planejamento e a execução, entre decisão e ação, entre o programado
e o realizado;
- Estimular o empenho individual e grupal na busca da excelência de desempenho através da obtenção do consenso;
- Desenvolver melhores condições para a consecução de
resultados no futuro através da capitalização da experiência passada e presente, e até no futuro pela experiência projetada por simulação e análise de cenários.

Não há dúvida de que criticar e avaliar, diagnosticar forças obs-
taculizantes ou favoráveis, superar os aspectos negativos e fortalecer mais ainda os pontos fortes é sempre uma tarefa das mais delicadas e sensíveis, já que a própria conotação da palavra crítica traz
em seu bojo um sentido depreciativo, especialmente na língua por-
tuguesa. Mais complexo ainda é a formação de um hábito, a criação
e implementação de atitudes e de comportamentos para o desenvolvimento de um processo de crítica sistemática e permanente.

Em primeiro lugar, a institucionalização de tal processo,
desse novo ambiente de condução de trabalho, há de ser equacio-
nada a partir de sua própria concepção. É preciso dispor de empenho especial com vistas a encarar a crítica como uma forma
saudável e coerente de viabilizar resultados de excelência.

Em segundo lugar, é normal a inexistência de uma metodologia
formal capaz de facilitar e orientar a aplicação da crítica. Não basta
compreender intelectualmente a importância e a necessidade do uso
da crítica como uma forma gerencial efetiva. É preciso dispor de me-

todologia adequada para realizá-la. Além de querer, de compreender a sua contribuição, é preciso saber aplicar um processo específico de implementação de um sistema de crítica autossustentado.

Na era da explosão do conhecimento, imposta pela Economia 4.0, a forma de evitar ou desacelerar a obsolescência já não é aprender mais, mas, repito, é aprender a aprender, que só se desenvolve se o Cliente for capaz de aprender a pensar a sua realidade no sentido de transformá-la. E o caminho mais eficaz para isso é fazer da crítica sistemática e permanente o mais poderoso e factível recurso do processo de aprendizagem a partir da experiência vivenciada no cotidiano.

Em suma, a questão é a seguinte: o que podemos fazer no dia a dia para aprender com aquilo que acontece conosco?

Crítica é o termo que podemos aplicar à aprendizagem derivada diretamente da experiência. A crítica envolve a avaliação da ação de forma estruturada e sistemática. O teste da programação executada está nos resultados alcançados e na explicação revelada pela crítica.

A melhor compreensão de causa-efeito, mediante a crítica, torna-se, assim, a chave para o planejamento mais adequado, o que permitirá obter resultados sempre melhores nos ciclos subsequentes de ação. Isto, por si só, justifica a razão da importância de o Consultor desenvolver com o cliente uma cultura de aprendizagem através do uso da crítica sistemática,

A direção e o comando bem recebidos de uma equipe, de uma organização ou mesmo de uma nação repousa, muito, sobre a mesma habilidade crítica e de avaliação, o monitoramento, para fortalecer o planejamento e a programação e para identificar e corrigir os rumos e/ou pontos falhos em sua execução.

As três dimensões da crítica – o que é investigado, como é avaliado e que aspectos das situações gerenciais se destacam – interagem reciprocamente para produzir a aprendizagem.

A velocidade com que os indivíduos mudam por intermédio das aprendizagens obtidas pode, então, ser registrada. Da mesma forma, torna-se possível delinear curvas de aprendizagens para o processo das organizações. Quanto maior a validade da aprendizagem, mais bem sucedida é a organização. A razão é axiomática, evidente por si mesma. Quando há compreensão crescente, menos erros são cometidos, mais oportunidades florescem, melhores decisões são tomadas, mais facilmente os problemas são solucionados.

21. REFERÊNCIAS

ALBERT, Kenneth J. **How to be your own management consultant**. USA: McGraw-Hill Book, 1978.

ARGYRIS, Chris. **Interpersonal competence and organizational effectiveness**. [*S. l.*]: Dorsey Press, [1962].

ARGYRIS, Chris. **Increasig leadership and effectiveness**. New York: John Wiley & Sons, 1976.

ARGYRIS, Chris. **Intervention Theory and Methory**: a behavioral Science View. [*S. l.*]: Addison-Wesley Publishing, 1973.

ARGYRIS, Chris. **Personalidade e organização**. Rio de Janeiro: Editora Renes, 1969.

ARGYRIS, Chris; SCHON, Donald. **Organizational learning**: a theory of action perspective. [*S. l.*]: Addison-Wesley Publishing, 1978.

BANDURA, Albert. **Principles of behavior modification**. New York: Holt, Rinehart and Winston, 1969.

BECKHARD, Richard. **Desenvolvimento organizacional**: estratégias e modelos. São Paulo: Editora Edgard Blucher, 1972.

BENNIS, Warren G. **Desenvolvimento organizacional**: sua natureza, origens e perspectivas. São Paulo: Editora Edgard Blucher, 1972.

BENNIS, Warren G. **Organizações em mudança**. São Paulo: Editora Atlas, 1976.

BENNIS, Warren G. **Organizações em mudanças**. [*S. l.*]: Editora Atlas, [1976].

BERNE, Eric. **Transactional analysis in psychotherapy**. [*S. l.*]: Random House, [1961?].

BLAKE, Robert; MOUTON, Jane. **Corporate Excellence Through Grid Organization Development**. Houston: Gulf Publishing Company, 1968.

BLAKE, Robert; MOUTON, Jane. **Crítica**. Rio de Janeiro: Incisa, 1977. (Série desenvolvimento de executivos, n. 14).

BLAKE, Robert; MOUTON, Jane. **Diary of an old man**.Houston: Gulf Publishing, 1976.

BLAKE, Robert; MOUTON, Jane. **Making experience work**.

USA: The Murray Company Book Press, 1978.

BLAKE, Robert; MOUTON, Jane. **O grid gerencial**. São Paulo: Editora Pioneira, 1976.

BLAKE, Robert; MOUTON, Jane. **Three strategies for exercising authority**: one-alone, one-to-one, one-to-all. [*S. l.*]: Personnel administration, 1964.

CALIA, V. F.; CORSINI, R. J. **Critical incidents in school counseling**. [*S. l.*]: Prentice Hall, 1973.

DAVEY, N. G. **The external consultant's role in organizational change**. Michigan: East Lansing Michigan, 1971.

ETZIONI, Amitai. **Organizações modernas**. São Paulo: Biblioteca Pioneira Editora, 1967.

FERGUSON, C. K. Concerning the nature of human systems and the consultant role. **Journal of Applied Behavioral Science**, [*S. l.*], v. 4, n. 2, p. 179-193, jun. 1968.

FIEDLER, Fred E. **A theory of leadership effectiveness**. New York: McGraw Hill Book, 1967.

GELLERMAN, Saul W. **Management by motivation**. USA: AMA, 1968.

GELLERMAN, Saul W. **Managers and subordinates**. Illinois: The Dryden Press, 1976.

HAUSSER, D. L.; PECORELLA, P. A.; WISSLER, A. L. **A manual for consultants**. California: University Associates, 1977.

HERSEY, Paul; BLANCHARD, Kenneth. **Management of organizational behavior**. New Jersey: Prentice-Hall, 1977.

HERSEY, Paul; BLANCHARD, Kenneth. **Psicologia para administradores de empregos**. São Paulo: EPU/EDUSP, 1974.

HERZBERG, Frederick. **The motivation to work**. USA: Wiley & Sons, 1959.

HERZBERG, Frederick. **Work and the nature of man**. Cleveland: Word Publishing, 1966.

JAQUES, E. Interpretive group discussion as a method of facilitating social change: a progress report on the use of group methods in the investigation and resolution of social problems. **Human Relations**, [*S. l.*], v. 1, n. 4, p. 533-549, nov. 1948.

KEPNER, Charles; TREGOE, Benjamin. **Administração racional**. São Paulo: Editora Atlas, 1971.

KUBR, M. **Management consulting**: a guide to profession. Geneva: International Labour Office, 1976.

LAWRENCE; LORSCH. **Desenvolvimento organizacional**: diagnóstico e ação. São Paulo: Editora Edgard Blucher, 1972.

LEAVITT, Harold J. **Direção de empregos**. Rio de Janeiro: Fundo de Cultura, 1972.

LIKERT, Rensis. **A organização moderna**. São Paulo: Editora Atlas, 1975.

LIKERT, Rensis. **New ways of managing conflict**. [*S. l.*]: Gulf Publisher, 1978.

LIKERT, Rensis. **Novos padrões de administração**. São Paulo: Biblioteca Pioneira Editora, 1971.

LIKERT, Rensis. **Organização humana**. [São Paulo]: Editora Atlas, 1975.

LIPPITT, Gordon L. **Optimizing human resources**. Massachusetts: Addison, 1971.

LIPPITT, Gordon L. **Organization renewal**. New Jersey: Appleton Century, 1969.

LIPPITT, R.; WATSON, J.; WESTLEY, B. **Planned change**: a comparative study of principles and techniques. [*S. l.*]: Hartcourt, 1958.

LIPPITT, Ronald. Dimensions of the consultant's Job. **Journal of Social Issues**, [*S. l.*], v. 15, n. 2, p. 5-12, Spring 1959.

MASLOW, Abraham H. **Eupsychian management**. Illinois: Richard D. Irwin, 1965.

MASLOW, Abraham H. **Motivation and personality**. New York: Harper & Row Publishers, 1970.

MCCLELLAND, David C. **Power**: the inner experience. New York: Irvington Publishers, 1975.

MCCLELLAND, David C. **The achieving society**. New York: Irvington Publishers, 1976.

MCGREGOR, Douglas. **Aspectos humanos da empresa**. [*S. l.*]: Editora Clássica, 1960.

MCGREGOR, Douglas. **Motivação e liderança**. São Paulo: Editora Brasiliense, 1973.

MCGREGOR, Douglas. **The professional manager**. New York: MacGraw Hill Book, 1967.

MCGREGOR, Douglas. **The professional manager**. New York: McGraw Hill, 1967.

REDDIN, W. J. **Eficácia gerencial**. São Paulo: Editora Atlas, 1975.

ROGERS, Carl. **Counseling and psychotherapy**. Boston: Houghton Mifflin, 1942.

ROGERS, Carl. **Novas formas de amor**. Rio de Janeiro: Livraria José Olympio Editora, 1972.

ROGERS, Carl. **Tornar-se pessoa**. São Paulo: Livraria Martins Fontes Editora, 1961.

SCHEIN, Edgard. **Consultoria de procedimentos**: seu papel no desenvolvimento organizacional. [*S. l.*]: Editora Edgard Blucher, 1972.

SCHEIN, Edgard. **Professional education**. USA: McGraw Hill, 1972.

SELZNICK, P. **A liderança na administração**. Rio de Janeiro: FGV, 1972.

SIMON, H. A.; MARCH, J. G. **Teoria das organizações**. Rio de Janeiro: Editora FGV, 1970.

SIQUEIRA, Wagner. **Avaliação de desempenho**. Rio de Janeiro: Reichmann & Affonso Editores, 2002.

SIQUEIRA, Wagner. **Gerentes que duram**. Rio de Janeiro: E-papers Editora, 2010.

SKINNER, B. F. **The behavior of organisms**: an experimental analysis. [*S. l.*]: Appleton Century, 1938.

STONE, Florence M. **Coaching, couseling & mentoring**. USA: Amacom, 1999.

TANNENBAUM, Robert; MASSARIK, Red. **Liderança e organização**. São Paulo: Editora Atlas, 1970.

WALTON, Richard. **Pacificação interpessoal**: confrontação e consultoria de uma terceira parte. [*S. l.*]: Editora Edgard Blucher, 1972.

WHYTE, William Foote. **Organizational behavior**. Illinois: Irwin, 1969.

SOBRE O AUTOR

Wagner Siqueira é diretor-geral da Universidade Corporativa do Administrador (UCAdm) e Conselheiro Federal pelo Conselho Regional de Administração (CRA-RJ). É Administrador atuante, com uma longa trajetória de trabalho dedicado à profissão, e filho de Belmiro Siqueira, Patrono da profissão no Brasil.

Foi presidente do Conselho Regional de Administração do Rio de Janeiro (CRA-RJ) entre os anos 1983 e 1986, depois de 1998 a 2003 e de 2011 a 2016. Foi presidente do Conselho Federal de Administração (CFA) em 2017 e 2018. Em todas as gestões, empreendeu uma firme e ampla luta em defesa do mercado de trabalho dos Administradores e Tecnólogos.

É membro da Academia Brasileira de Ciências da Administração (ABCA) e vice-presidente da Escolinha de Artes do Brasil. Também é membro efetivo da Assembleia do Instituto Brasileiro de Administração Municipal (Ibam) e autor de mais de dez livros sobre Administração e de quatro outros sobre política e ação legislativa.

Também é Conselheiro na Assembleia de Administração do CIEE-RJ. Membro da Academia Nacional de Economia (ANE), foi diretor de Administração e Finanças da Embratur, foi Membro do CNTUR – Conselho Nacional de Turismo, representando o Ministério do Planejamento.

É palestrante internacional e detentor do prêmio Personalidade Educacional concedido pela Folha Dirigida em 2013. Foi presidente do Sindicato dos Administradores no Estado do Rio de Janeiro (Sinaerj) e da Federação Nacional dos Administradores (Fenae). E vice-presidente da Confederação Nacional das Profissões Liberais.

Em 2019, foi homenageado na cidade de Santa Cruz de la Sierra, na Bolívia pelo Colégio de Administradores de Bolívia (Cadeb), com a comenda de mérito profissional, chamada 'Estatuilla Cadeb', por seu destaque no exercício da profissão em toda América Latina.

Foi ainda Secretário de Administração da Prefeitura do Rio de Janeiro, Presidente do Riocentro e Secretário de Desenvolvimento Social da Prefeitura do Rio, além de exercer muitos outros cargos na Administração pública e privada. Também foi vereador da cidade do Rio de Janeiro e deputado estadual, além de exercer diversos cargos na Administração pública.

www.ingramcontent.com/pod-product-compliance
Lightning Source LLC
LaVergne TN
LVHW010520200726
843506LV00013B/2657